Paixão e Esperança
A violência contra a mulher

Felipe Candiota

In Media Res

- 2019 -
Nova Friburgo
RJ

In Media Res

Projeto gráfico: In Media Res Editora
Capa: In Media Res Editora
Diagramação: In Media Res Editora
Revisão: In Media Res Editora

Dados Internacionais de Catalogação na Publicação (CIP)

C217p
Candiota, Felipe.
Paixão e Esperança: a violência contra a mulher / Felipe Candiota - 1ª edição - Nova Friburgo – RJ. In Media Res, 2019
205 p.

ISBN: 978-85-94016-21-8

1.Violência contra a mulher 2. Violência doméstica. 3. Comportamento 4.Sociedade I. Título

CDD: 070
CDU: 070

Educatoris Instituto de Educação Multidisciplinar Ltda
Rua Abdo Abi-Ramia, 81
28630-090 - Nova Friburgo – RJ
www.inmediares.com.br

"Quando somos libertados de nossos medos,
nossa presença automaticamente liberta a outros."

"Se você quer fazer as pazes com seu inimigo,
você tem que trabalhar com seu inimigo.
Assim, ele se torna seu parceiro."

Nelson Mandela
(1918-2013)
Prêmio Nobel da Paz em 1993

SUMÁRIO

I. Primeiras Pesquisas 7
II. Advogado 25
III. Jornalistas 29
IV. Judiciário 35
V. CRAM, CDDH, COMDIM e OAB 39
VI. Polícia Civil 55
VII. Polícia Militar 63
VIII. Corpo de Bombeiros e IML 67
IX. Sra. Evanete 73
X. Morador 77
XI. Vítimas 83
XII. Grupo de Agressores 133
XIII. Processo 139
XIV. Declarações 177
XV. Agradecimentos 205

I. Primeiras Pesquisas

Tudo começou quando me deparei com as fotos da primeira página do *Diário de Petrópolis* do dia 30 de março de 2017. A manchete trazia duas fotos (uma da fachada de uma casa queimada e outra do assassino sem camisa) e o seguinte texto:

Homem mata mulher e três filhos e coloca fogo na casa

Um crime bárbaro marcou a noite de terça-feira e chocou os petropolitanos. O pedreiro Jorge Luiz Evangelista, de 51 anos, matou com tiros na cabeça a ex-esposa Luciana Vieira Rodrigues, 32, e os filhos Wesley, 8, Emily, 10 e Evelin, 13, e feriu a sogra, Evanete Vieira, de 54 anos, na casa onde viviam, no Floresta, na localidade conhecida como Largo da Provisória. A motivação do crime seria que Jorge não se conformava com o fim do relacionamento de 12 anos com a mulher. (Pag. 5)

Embaixo das fotos existia a legenda:

JORGE MATOU PRIMEIRO *os três filhos, com um tiro na nuca de cada, atirou contra a sogra e matou a mulher, também com um tiro na cabeça, e depois colocou fogo na casa.*

A página 5 trazia a reportagem:

Homem mata filhos e ex-mulher a tiros

Com requintes de crueldade, pedreiro assassinou a família e incendiou a casa

Um crime bárbaro marcou a noite de terça-feira e chocou os petropolitanos. O pedreiro Jorge Luiz Evangelista, de 51 anos, matou com tiros na cabeça a ex-esposa Luciana Vieira Rodrigues, 32, e os filhos: Wesley, 8, Emily, 10, e Evelin, 13, na casa onde viviam, no Floresta, na localidade co-

nhecida como Largo da Provisória. Medidas protetivas proibindo que se aproximasse da mulher, de acordo com a Lei Maria da Penha, já haviam sido expedidas pela justiça, mas não foram suficientes para impedir a tragédia. Ele foi preso na noite de ontem, após mais de 24h de buscas.

A avó das crianças, Evanete Vieira, de 54 anos, foi baleada na orelha e na nuca, mas passa bem e teve alta do Hospital Alcides Carneiro, no fim da manhã de ontem. Ainda em estado de choque, prestou depoimento na 105ª DP (Retiro) e afirmou que o ex-genro foi autor da tragédia. Ela não falou com a imprensa.

O casal estava separado há 15 dias, quando Jorge Luiz feriu a esposa com golpes de faca nas costas e no braço. Ele tentava a reconciliação, mas Luciana permanecia irredutível e acreditava que o ex-companheiro iria acabar se conformando. Mas, na noite de terça-feira, o desdobramento foi trágico.

O criminoso foi encontrado e preso no Quissamã por uma patrulha da Polícia Militar e uma equipe da Polícia Civil. Populares avistaram o homem e, de acordo com a PM, tentaram linchá-lo. Os policiais precisaram pedir reforços do 26º BPM (Petrópolis), onde ele ficou preso.

O crime

O crime aconteceu por volta das 20h30 e as crianças foram as primeiras vítimas do pedreiro. Enquanto a mãe estava na residência de uma irmã, a poucos metros, os filhos estavam em casa e foram surpreendidos pelo assassino. Eles foram arrastados para o quintal e, pelo próprio pai, colocados um ao lado do outro, com o rosto virado para a parede e mortas com tiros na nuca.

Depois de matar os filhos, Jorge Luiz partiu para a casa da cunhada, para buscar a esposa. A sogra Evanete também estava no imóvel e chegou a entrar em luta corporal com o ex-genro, para tentar impedi-lo de ferir a filha, mas também foi baleada e caiu. Antes de desmaiar, ela conseguiu ver o homem arrastando Luciana para fora da residência.

Levada até a própria casa, antes de morrer com um tiro na nuca, a mulher foi obrigada a ver os corpos dos três filhos, caídos em poças de san-

gue. Só depois de ela ter entrado em desespero é que Jorge a matou com um tiro na cabeça. Ele não fugiu imediatamente. Primeiro, ele foi até a cozinha, onde estava o botijão de gás e atirou. O vasilhame explodiu e incendiou a casa. Os cômodos ficaram parcialmente destruídos.

O Corpo de Bombeiros foi acionado por vizinhos, mas, na chegada, eles não tinham ideia das causas do incêndio. Apenas depois é que os corpos foram descobertos. Os bombeiros os levaram para o Instituto Médico Legal, em Corrêas, depois da análise dos peritos da Polícia Civil. O sepultamento está previsto para a manhã de hoje, no Cemitério Municipal.

Polícia realiza buscas na mata

Depois de matar a família, Jorge fugiu a pé e teria se escondido na mata entre os bairros Floresta e Caxambu. Mais de 40 policiais, entre civis e militares, permaneceram mobilizados desde a noite de terça-feira e durante todo o dia de ontem, realizando buscas.

A delegada Fernanda Marchesi, da 105ª DP, também acompanhou as investigações preliminares. "Desde a noite do crime, todo o efetivo da delegacia foi mobilizado e, junto com a PM, se empenhou nas buscas. Ainda durante a madrugada, fizemos o pedido de prisão preventiva. O trabalho não vai parar até que ele seja encontrado", afirma a delegada.

A versão inicial era de que Jorge Evangelista utilizava o próprio carro, modelo Golf, branco, para a fuga. Entretanto, as investigações revelaram que ele havia vendido o veículo na semana passada para conseguir dinheiro e comprar o revólver, calibre 38. A arma ainda não foi encontrada.

Além de Evanete, mãe e avó das vítimas, outras três pessoas prestaram depoimento na delegacia. Entre elas, uma irmã do autor e o filho do primeiro casamento. Uma irmã de Luciana também foi ouvida. "Não aceitava a separação e nos depoimentos colhidos, soubemos que ele esteve na casa, no último sábado. Houve discussão e ele ficou extremamente alterado. Atualmente, vivia numa casa alugada nas imediações", explica Fernanda.

A vida em família

Jorge e Luciana viveram juntos por 12 anos. Os filhos Wesley e Emily estudavam na Escola Municipal Duque de Caxias, a poucos metros da casa, enquanto a menina mais velha era aluna da Escola Rosemira Cavalcante, no Itamarati.

Segundo vizinhos, aparentemente, se tratava de uma família normal. "Eram crianças alegres, como qualquer outra. O mais novo era o mais sapeca e muito agarrado com o pai. Estamos todos estarrecidos com tudo isso que aconteceu. Impossível acreditar que um pai teve a coragem de matar os próprios filhos com tanta crueldade e covardia", disse um morador.

"Ele demonstrava ser uma homem tranquilo. Não bebia e não ficava nas 'portas de botequim'. Era bem caseiro e só frequentava o comércio local para compra de alimentos. Estamos todos surpresos, pois não aparentava que teria coragem de cometer um ato como esse", disse outro vizinho.

Depois da última separação, Luciana afirmava que poderia ser morta, mas que não reataria, mais uma vez, com o ex-companheiro. Uma amiga da família contou que desde a infância a vítima era assediada por Jorge. "Lu era ainda uma criança e quando se cruzavam na rua, ele dizia que iria se casar com ela. O tempo passou e foi isso mesmo que aconteceu. Hoje, lamentamos e estamos com os corações dilacerados", lembra.

Violência contra a mulher

O Conselho Municipal dos Direitos da Mulher de Petrópolis, por meio da presidente Luciana Périco, se manifestou sobre o ocorrido. Através de nota, disse que lamenta mais um ato bárbaro de violência contra a mulher e crianças:

"A vida de Luciana e seus três filhos, tão brevemente ceifada, traz à tona mais uma vez o encadeamento de atos violentos que muitas vezes culminam na morte de mulheres em circunstâncias opressoras."

Estamos impactadas com a quantidade de crimes dessa natureza.

Para nós, está claro que esse número reflete o cenário social que favorece a impunidade, sobretudo em razão das poucas ferramentas – materiais e humanas – para resolutividade destes crimes.

A morte dessa família não pode ficar impune. A imensa dor da perda é irreparável.

Desejamos, porém, que suas memórias sirvam para lembrar a sociedade de todos os tipos de violência praticados contra as mulheres diariamente de forma natural, e que esta mesma sociedade se indigne com tais situações.

Cobramos providências de todos os órgãos que competem à resolução destes casos com urgência. Para além de armamentos e viaturas, clamamos por investimentos sociais que possam refletir na mudança de comportamento e pensamento.

A foto da matéria que mostra a sogra, Sra. Evanete, com a cabeça enfaixada e cercada por quatro homens, provavelmente, na saída do hospital, possuía a legenda:

SOBREVIVENTE, *a avó das crianças levou dois tiros, de raspão, enquanto tentava defender a filha contra o atacante*

Continuei pesquisando o caso no outro principal jornal de Petrópolis, a *Tribuna de Petrópolis*, que mostrava a seguinte manchete no alto da primeira página:

PRESO HOMEM QUE MATOU A FAMÍLIA E QUEIMOU CORPOS

A polícia prendeu no início da noite de ontem, depois de 24 horas de intensas buscas, o pedreiro que matou a tiros a ex-mulher e os três filhos e ateou fogo à casa da família, na Rua Henrique Paixão, no Bairro Floresta. A sogra do acusado de assassinato também foi baleada. O motivo do crime teria sido a decisão da mulher de se separar do criminoso. A vítima chegou a registrar queixa contra o suposto criminoso na polícia, por agressão. A polícia tem indícios de o crime ter sido premeditado. A arma foi comprada nos últimos dias.

Ao lado da manchete havia uma foto de Jorge, deitado no chão, com o corpo queimado, de camiseta verde e amparado por um homem e uma mulher. A foto trazia a legenda:

O acusado pela chacina foi encontrado num córrego, em uma mata da Provisória

Na matéria principal posso destacar os seguintes trechos e fotos:

Segundo a polícia, Jorge teria matado primeiro as crianças – Wesley, de 8 anos, Evelin de 13, e Emily de 10 anos – com um tiro na cabeça. Os corpos foram encontrados do lado de fora da casa, na varanda. Depois, ele teria ido à casa da avó de Luciana, bem ao lado do imóvel da família. No local estava a ex-companheira e a mãe, Evanete Vieira, de 53 anos. "Evanete contou que tentou defender a filha, se colocando na frente dela. Quando ele atirou, ela caiu ferida. Foi quando Jorge pegou a ex-mulher pelo braço, arrastou-a até o local onde as crianças estavam e atirou na cabeça dela", contou a delegada.

Segundo o irmão do agressor, Adilson Evangelista, de 48 anos, ele estava na casa da ex-mulher naquela noite para ficar com as crianças. "As crianças estavam com saudade e ela deixou que ele ficasse com elas. Por isso, Luciana estava na casa da vó", disse. Adilson contou que sabia das brigas do casal, mas não imaginava que o irmão chegaria a matar os filhos e a ex-mulher. "Ele é nascido e criado aqui dentro da Provisória. Não dá para entender o que aconteceu. Espero que ele se entregue ou seja encontrado pela polícia. Que fique preso e pague pelo que fez".

Luciana havia denunciado Jorge em 2015, também por agressão. O processo acabou sendo arquivado. "A vítima não fez o exame de corpo de delito para comprovar a agressão e, por isso, o processo acabou sendo arquivado. Crimes como estes mostram a importância de as mulheres darem continuidade aos processos. Existem mecanismos que podem prote-

gê-las. As mulheres precisam denunciar", alertou a Promotora de Justiça de Investigação Penal da Comarca de Petrópolis, Maria de Lourdes Féo Polônio.

Jorge também tinha outras passagens pela polícia por falta de pagamento de pensão alimentícia a outros filhos, do seu primeiro relacionamento. "Ao todo, meu irmão tinha oito filhos. Nunca poderia imaginar que ele faria algo tão terrível assim", lamentou Adilson. Os corpos de Luciana e das crianças foram liberados pelos familiares no fim da tarde de ontem. Eles serão sepultados hoje, as 10h30, no Cemitério Municipal, no Centro.

***Violência contra a mulher** – Dados do Dossiê Mulher, elaborado pelo Instituto de Segurança Pública do Estado do Rio de Janeiro (ISP-RJ), revelam que em 2015 foram registrados 783 casos de ameaça e 811 de lesão corporal na cidade. Os dados também revelam o perfil das vítimas, que em sua maioria (48,3% dos casos) tem idade entre 30 e 59 anos, é solteira (57,5%), branca (57,5% dos registros) e tem apenas o ensino fundamental incompleto (34,8%). Ainda de acordo com o Dossiê Mulher, a maior parte das ocorrências acontece dentro das residências (54,4%) e é praticada pelo ex ou o atual companheiro de vítima (43%).*

Esse texto da matéria emoldurava duas fotos, uma, menor e na parte esquerda do texto, era mais emotiva e mostrava o pedreiro vestido com uma camisa escura e um casaco claro, e os três filhos, com uniforme escolar e vestindo agasalhos escuros, aparentemente descontraídos e posando, em pé, para a foto. Ele tinha seus braços abertos e apoiados sobre os ombros de cada uma das meninas, com o pequeno Wesley entre as duas, na sua frente. Essa foto tinha como legenda:

***Jorge Luiz Evangelista matou os três filhos,
Emily, Wesley e Evelin***

A foto mais comprida e mais à direita da matéria mostrava a área externa, a varanda cimentada da casa da família, onde foram encontrados os corpos das três crianças. A grande janela de madeira, aberta, com seus vidros estourados, e a fachada acima dela com um rastro escuro na pintura clara, queimada pelo fogo, demonstrava a força do incêndio dentro da casa. O mais chocante nessa foto eram as manchas de sangue e as sandálias das crianças, espalhadas pelo chão. Adicionalmente, algo curioso e que chamava a atenção na foto, era um buraco no muro lateral da varanda. Um buraco mal acabado, meio quadrado e grande o suficiente para qualquer pessoa atravessá-lo sem problemas. A legenda da foto era:

O pedreiro matou os três filhos e a ex-mulher a tiros na varanda da casa

Depois de ler essas duas reportagens, decidi escrever este livro.

Petrópolis é considerada a cidade (com mais de 100 mil habitantes) mais segura no Estado do Rio de Janeiro (IPEA e o Fórum Brasileiro de Segurança Pública, divulgado em 2018). Realmente, a sensação de segurança nas ruas da cidade é significativamente maior em comparação à grande metrópole mais próxima, o Rio de Janeiro, que é conhecida como uma das cidades mais violentas do mundo. Caminhar ou estar num ônibus falando ao celular, não trancar as portas dos carros, estacionar rapidamente a bicicleta sem cadeado, não ficar vigiando seu espaço enquanto circula pelas ruas do comércio ou pela maioria dos bairros é um privilégio para os petropolitanos quando comparados aos cariocas. Os moradores com melhores condições financeiras se conhecem pelo nome e sobrenome, pois, ao longo do século XX, criaram seus filhos em duas ou três escolas particulares; são sócios de dois ou três clubes e academias de ginástica; participam de atividades religiosas na grande Catedral; residem em três ou quatro bairros tradicionais; fazem negócios entre si e vão aos mesmos restaurantes e festas sociais. As classes menos favorecidas financeiramente possuem hábitos sociais mais bairristas, frequentando igrejas, cultos religiosos, praças, mercados e bares locais. Suas crianças estudam em escolas públicas da região e brincam nas ruas e campos próximos de suas casas. Todos esses fatores geram uma sociedade cordial, que ainda se cumprimenta quando se cruza nas ruas ou nos mercados, onde os clientes e comerciantes se conhecem pelo nome e trocam narrativas aleatórias sobre seu dia a dia. Um lado provinciano e civilizado, que ainda transmite um sentimento de acolhimento e parceria entre os cidadãos.

Essa diferença na sensação de segurança, o menor custo de moradia, a boa estrutura educacional e de saúde, o clima mais ameno, a velocidade menos estressante das interações dos negócios e sociais, assim como um comércio, serviços de alimentação e eventos culturais relativamente completos, fazem com que uma parte dos cariocas, a que possui independência para tal, procure se estabelecer definitivamente nas cidades da região serrana.

Eu sou um desses cariocas que optaram por se mudar para Petrópolis. Depois de lançar, em 2016, meu primeiro romance e de ler "A Sangue Frio", de Truman Capote, decidi escrever um livro baseado em fatos reais por acreditar que essas histórias são mais impressionantes que a minha capacidade de criar uma ficção. Nenhuma a ficção minha seria tão impactante quanto à contada aqui. Inicialmente, escrevi este livro no formato de um romance de não ficção, utilizando uma das vítimas para desempenhar meu papel de investigador do caso aqui descrito, mas resolvi reescrevê-lo na primeira pessoa, no estilo de livro-reportagem, por saber que a história seria mais fidedigna.

A investigação sobre esse crime me levou a um novo universo. No processo de pesquisa, tive que me relacionar com a comunidade onde o crime ocorreu, pessoas da família das vítimas e do agressor, advogados, a Promotoria de Investigação Penal (PIP), o Juizado Especial Criminal e da Violência Doméstica e Familiar contra a Mulher, policiais da Polícia Militar e da Polícia Civil, o

Núcleo de Atendimento à Mulher (NUAM), Corpo de Bombeiros, Instituto Médico Legal (IML), entidades governamentais ou não, como o Conselho Municipal dos Direitos da Mulher (COMDIM), o Centro de Referência em Assistência à Mulher (CRAM), o Centro de Defesa dos Direitos Humanos (CDDH), a Comissão da Mulher da OAB (Ordem dos Advogados do Brasil) da cidade, jornalistas que cobriram o caso, psicólogas especialistas no tema e, mais relevante ainda, com outras vítimas de violência doméstica e agressores, quando participei, como convidado, do encontro de agressores no fórum da cidade de Três Rios - RJ.

Nas páginas a seguir, relato partes dessa investigação e organizo o texto baseado nesses diversos personagens e instituições que contatei para esclarecer melhor o crime e para compreender melhor essa inaceitável característica da sociedade brasileira: a violência contra as mulheres.

No dia seguinte, na primeira página da *Tribuna de Petrópolis* via-se a manchete principal, que tinha uma tarja azul, com a chamada "**DOR QUE NÃO PASSA**" e o título afirmava:

COMOÇÃO NO ENTERRO DE MÃE E FILHOS ASSASSINADOS

Os corpos de Luciana Vieira Rodrigues e dos filhos Wesley, Evelin e Emily foram sepultados ontem no Cemitério Municipal, diante de mais de 200 pessoas, entre parentes e amigos. A família foi assassinada pelo ex-marido de Luciana e pai das crianças, Jorge Luiz Evangelista, na noite de quarta-feira. Os caixões foram velados lado a lado em clima de muita comoção, dor e revolta. "Minha irmã só queria ser feliz e ele não deixou. Nosso coração dói e nossa família está destruída. O que queremos agora é justiça, que ele pague pelo que fez", disse a irmã de Luciana.

A grande foto da manchete mostrava um aglomerado de homens sérios e mulheres chorando atrás de um carro e tinha como legenda:

As irmãs e tias das vítimas da chacina do Bairro Floresta estavam inconsoláveis e revoltadas.
O enterro das vítimas ocorreu em meio a grande comoção.

A matéria tinha o texto a seguir:

Dor e revolta no enterro de mãe e filhos executados

Cerca de 200 pessoas acompanharam na manhã de ontem o sepultamento da família que foi brutalmente assassinada na noite da última terça-feira (28) dentro de casa na Rua Henrique Paixão, no bairro Floresta. Luciana Vieira Rodrigues, de 32 anos e os três filhos – Wesley Vieira Evangelista, de oito anos, Evelin Vieira Rodrigues, de 13, e Emily Vieira Evangelista, de 10 anos – foram mortos com tiros na cabeça pelo pedreiro Jorge Luiz Evangelista, ex-marido de Luciana e pai das crianças. Os caixões foram velados lado a lado, e o clima no enterro foi de muita comoção, dor e revolta.

"Minha irmã só queria ser feliz e ele não deixou. Nosso coração dói e nossa família está destruída. O que queremos agora é justiça, que ele pague pelo que fez", disse a irmã de Luciana, Adriana Vieira. A mãe da vítima, Evanete Vieira, que também foi baleada de raspão de pescoço, teve alta do Pronto Socorro do Alto da Serra e pode acompanhar o sepultamento da filha e dos três netos. Ela contou que foi atingida quando tentava proteger Luciana. "Eu estava protegendo minha filha, foi quando ele atirou. Eu caí desmaiada e não vi mais nada. Só soube de toda a tragédia quando acordei, no hospital. Não tenho palavras para descrever o que estou sentindo. É um vazio no peito", disse, comovida.

Amigos, parentes e vizinhos cobravam justiça e não conseguiam entender o que levou Jorge a cometer um ato tão bárbaro. "Ele é um monstro", disse, indignada, outra irmã de Luciana, Fabiana Vieira. Os pais, os irmãos e os filhos de outros relacionamentos de Jorge também compareceram ao sepultamento. Muito comovidos, eles acompanharam todo o cortejo e também não entendiam o motivo do cruel assassinato.

Outra irmã de Luciana, Kelly Vieira que estava na casa na hora do cri-

me e foi quem primeiro acionou a polícia também pediu justiça. "Ele tem que pagar pelo que fez com a minha irmã e com os meus sobrinhos". Ela contou que estava na casa junto com a mãe e a irmã, quando Jorge chegou. "Eu vi ele atirando na minha mãe e arrastando a Luciana. Também ouvi o tiro", disse Kelly, acrescentando que não chegou a escutar os tiros disparados contra as crianças. "Tinha uma música alta, não tinha como escutar", contou.

De acordo com a polícia, Jorge teria matado a família por não aceitar o fim do relacionamento. Eles estavam separados há cerca de 15 dias e, no último domingo, teria agredido a ex-mulher com uma faca. Luciana chegou a fazer registro policial na 105ª Delegacia de Polícia (DP). "Minha irmã foi na delegacia. Esse monstro já tinha dado uma facada nela no fim de semana e voltou na terça para matar todo mundo", disse a irmã, Adriana, afirmando que a vítima não tinha medida protetiva.

Jorge foi preso pela polícia no início da noite de quarta-feira (29). Ele estava escondido dentro de um córrego no meio do mato, próximo à casa da família. Jorge está com queimaduras pelo corpo e por pouco não foi linchado pelos moradores. O pedreiro está internado sob escolta policial na Unidade de Terapia Intensiva (UTI) do Hospital Santa Teresa (HST) e ainda não prestou depoimento.

Luciana e os filhos morreram com um tiro na cabeça, disparado de um revólver calibre 38. A arma usada no crime tinha sido comprada há poucos dias. A polícia acredita que ele tenha vendido seu carro para comprar o revólver. "Essa atitude nos leva a crer que foi tudo premeditado", disse a delegada adjunta da 105ª DP, Fernanda Marchesi. Os corpos estavam do lado de fora da casa. Após o assassinato, Jorge colocou fogo na residência e fugiu.

***Violência Doméstica** – De acordo com dados do Centro de Referência em Atendimento à Mulher (Cram), nos três primeiros meses deste ano a unidade realizou 34 novos atendimentos. A maior parte das mulheres que procuram o Cram relata que são vítimas de abusos sexuais, psicológicos e violência física. A instituição também registrou, durante este mês, dois casos de violência contra mulheres com deficiência.*

Havia três grandes fotos na página da matéria. A maior, no topo da página, mostrava várias mulheres em volta da irmã, Kelly, que estava sentada numa mureta, cabisbaixa e sendo acariciada por uma amiga. A legenda da foto era:

Kelly (sentada) estava na casa com a mãe e a irmã e viu o ex-cunhado atirando contra Evanete e arrastando Luciana. Ela foi amparada por amigos e parentes, que pediram justiça.

As outras duas fotos mostravam os acompanhantes do enterro, no Cemitério Municipal, e traziam as legendas:

Evanete foi liberada do hospital e acompanhou o sepultamento da filha e dos netos ao lado de parentes de Jorge.

Mais de 200 pessoas acompanharam o cortejo. Familiares e amigos ajudaram a levar os caixões até o local do sepultamento.

Essas notícias já me davam várias dicas para realizar as primeiras investigações, nomes de instituições, como CRAM e COMDIM, nomes de pessoas como Luciana Périco e Fernanda Marchesi, nomes dos familiares das vítimas e, além disso, me davam também a certeza de que eu teria que estudar melhor a tal Lei Maria da Penha e sua aplicação prática.

Pesquisa daqui, pesquisa dali, e eu descubro a localização e os telefones do CRAM, do COMDIM, acho as páginas no Facebook de envolvidos no caso. Anoto tudo que vejo e, assim, meu caderno começa a tomar corpo. Eu olho a *Tribuna de Petrópolis* do dia 01 de abril e reparo que no canto inferior direito há uma pequena manchete com a chamada:

Pedreiro diz não lembrar de nada do dia dos assassinatos

Jorge Luiz Evangelista, acusado de matar a mulher e os três filhos, disse ao advogado que não se lembra do crime.

O texto da matéria era:

Acusado de matar a família diz que não se lembra do dia do crime

O pedreiro Jorge Luiz Evangelista, de 51 anos, acusado de matar brutalmente a ex-mulher, Luciana Vieira Rodrigues, de 32 anos, e os três filhos – Wesley, de oito anos, Emily, de 13 e Evelin, de 10 anos – disse ao advogado André Reis que não lembra do dia do crime. Jorge está internado sob escolta policial desde de a última quarta-feira (29), na Unidade de Terapia Intensiva (UTI) do Hospital Santa Teresa (HST), com 70% do corpo queimado. O estado de saúde dele é considerado grave.

"Conversei brevemente com ele na quinta-feira e o que ele me disse é que não lembra por que está no hospital. Ele não se lembra de nada do que aconteceu no dia do crime", informou o advogado, que foi contratado por uma das filhas do acusado. André Reis informou ainda que requereu laudos psicológicos e psiquiátricos que vão apontar o estado mental do acusado.

A polícia continua com as investigações e ainda não ouviu o acusado. Jorge foi preso 24h horas após o crime. Ele estava em um córrego no meio da mata no bairro Floresta, próximo à casa da família, onde a ex-mulher e os três filhos foram assassinados. "Na próxima semana, vamos dar continuidade à coleta de depoimentos. Ainda há familiares das vítimas a serem ouvidos", disse o delegado titular da 105º Delegacia de Polícia (DP), Claudio Batista. Outra questão é a arma usada no crime, um revólver calibre 38, que ainda não foi encontrada.

Segundo a polícia, Jorge teria matado primeiro as crianças com um tiro na cabeça. Os corpos foram encontrados do lado de fora da casa, na varanda. Depois, ele teria ido à casa da avó de Luciana, localizada ao lado do imóvel da família. No local, estava a ex-companheira, a sogra, Evanete Vieira, de 53 anos, e a cunhada, Kelly Vieira. Evanete tentou defender a filha e acabou sendo atingida com um tiro no pescoço. "Eu caí e ele levou minha filha", contou Evanete. Ela ficou internada por 24 horas no Pronto Socorro do Alto da Serra e teve alta para acompanhar o enterro da filha e dos netos, na manhã da última quinta-feira. Luciana foi morta também com um tiro na cabeça, próximo ao local onde os filhos estavam. Após o crime, Jorge colocou fogo na casa e fugiu, a pé, pelo mato.

Para a polícia, Jorge premeditou o crime, pois, dias antes, havia vendido o carro e comprado a arma. Dois dias antes do assassinato, ele teria dado uma facada em Luciana e fugido. A agressão foi registrada na 105ª Delegacia de Polícia.

Contra ele também há outro registro de agressão à ex-mulher, em 2015. Na época, Luciana desistiu de dar continuidade ao processo.

Depois disso, eu também anotei no meu caderno o nome do advogado do criminoso, Dr. André Reis, do delegado, Dr. Claudio Batista, e da jornalista da *Tribuna de Petrópolis*, Sra. Janaína do Carmo, para tentar falar com eles.

Eu pensei em escrever sob a perspectiva do criminoso, mas logo perdi as esperanças quando me deparei com a seguinte notícia da *Tribuna de Petrópolis* do dia 07 de abril:

CHACINADOR MORRE NO HST

Acusado de matar a tiros a ex-mulher e três filhos, Jorge Luiz Evangelista teve uma parada cardíaca e morreu no início da tarde de ontem, no Hospital Santa Teresa. (Pág 6)

A matéria principal tinha o texto a seguir:

Homem acusado de matar ex-mulher e filhos morre no Hospital Santa Teresa

O pedreiro Jorge Luiz Evangelista, de 51 anos, acusado de matar brutalmente a ex-mulher e seus três filhos, morreu no início da tarde de ontem, de parada cardíaca, na Unidade de Terapia Intensiva (UTI) do Hospital Santa Teresa (HST), onde estava internado desde o dia 29 de março, com 70% do corpo queimado. Na terça-feira (4), ele teve uma melhora no estado de saúde e chegou a ser transferido para o quarto, mas no dia seguinte retornou à UTI.

Segundo os investigadores da 105ª Delegacia de Polícia (DP), familiares das vítimas e do acusado ainda serão ouvidos esta semana. Depois, serão anexados os laudos cadavéricos e da perícia do local do crime para então o processo ser arquivado. Jorge morreu sem que a polícia pegasse o seu depoimento, com isso, alguns detalhes do crime não serão desvendados, entre eles, onde está a arma usada nos assassinatos e se realmente as crianças foram as primeiras a serem mortas.

Luciana Vieira Rodrigues, de 32 anos, e filhos – Wesley, de oito anos, Emily de 13 e Evelin, de 10 anos – morreram com tiros na cabeça, à queima roupa, na casa da família, no bairro Floresta. Após os assassinatos, Jorge colocou fogo na residência e depois fugiu. O acusado teria ainda atirado contra a sogra, Evanete Vieira, de 53 anos, que no momento do crime defendia a filha. Evanete levou um tiro de raspão na orelha.

No dia do crime, Jorge e Luciana estavam separados há cerca de 15 dias. Para a polícia, ele teria premeditado os assassinatos por não aceitar a separação. Dois dias antes, ele teria dado uma facada em Luciana e também fugido. A agressão foi registrada na 105ª Delegacia de Polícia. Contra ele também há outro registro de agressão à ex-mulher, ocorrido em 2015. Na época, Luciana desistiu de dar continuidade ao processo.

Pronto, minhas esperanças de eventualmente conseguir falar com o assassino tinham se acabado. Eu, como sempre curioso, ainda estranhei o fato do assassino ter melhorado, ido para o quarto e, no dia seguinte, ter falecido. Eu achava essa história mal contada e andava confuso com a ideia de investigar mais sobre esse caso. No fundo, eu tinha um certo receio, insegurança em procurar a polícia, a justiça e, ainda por cima, entrar em contato com as famílias envolvidas do caso. Eu pesquisava muito, anotava, mas não dava o primeiro passo. Então, certo dia, conversando com o porteiro do meu prédio sobre o caso, ele me contou que conhecia o irmão do assassino. Quase não acreditei na coincidência e me senti pressionado a continuar com as investigações.

Entretanto, eu logo compreendi que para me comunicar, tentar agendar compromissos e eventualmente me reunir com todos esses contatos, eu estava frente a frente com um desafio organizacional que me preocupava, mas também me animava. Tudo era novo para mim, e a investigação demandaria um contato com indivíduos de uma comunidade à qual eu não pertencia e com a qual eu teria que interagir, abordando um crime recente e traumático. Assim sendo, decidi que escreveria um livro sobre violência contra as mulheres e que esclareceria alguns pontos que ainda me pareciam mal relatados sobre esse crime. No fundo, eu gostaria de entender melhor a situação psicológica dos agressores. Quanto à situação das vítimas, eu achava que tinha já alguma noção, pois as condições em que vivem é um aspecto vastamente estudado e divulgado.

Algumas semanas se passaram e eu fui algumas vezes à105ª DP tentar falar com o delegado, Dr. Claudio Batista, mas houve uma série de desencontros. Além disso, tentei também (e consegui) falar por telefone com o irmão do Jorge Evangelista, que me contou apenas que tinha estado com ele poucas horas antes do crime e que ele parecia estar em seu estado normal, dizendo que iria para Provisória passar a noite com os filhos. Entretanto, após essa conversa, eu jamais consegui estar com ele e acabei desistindo. Acreditei que começar as minhas investigações preliminares pelo advogado do criminoso e pelos jornalistas seria um bom início.

II. Advogado

Eu consegui combinar meu primeiro encontro com o advogado, Dr. André Reis, no Fórum de Itaipava. Cheguei cedo, ansioso, e depois de nos cumprimentarmos, ficamos conversando no hall de espera das salas do judiciário. Algumas declarações dele encheram minha cabeça com mais dúvidas, enquanto outras reforçaram alguns dos meus entendimentos até então. Dr. André é um homem alto, forte e demonstrava ser uma pessoa assertiva, segura, simpática e conhecida de todos no Fórum. Ele me passou confiança. Naquela breve conversa, entre outros atendimentos seus no Fórum, ele me expôs certos pontos e alguns fatos novos que me intrigaram mais ainda, e que transcrevo aqui:

– O processo dele não chegou nem a terminar o inquérito porque ele morreu. Eu estive lá no hospital, no terceiro dia, e gravei uma entrevista com ele, só que eu apaguei essa entrevista porque eu só ia usá-la no júri. Perguntei pra ele se ele tava conseguindo falar e tal, mas ele tava com 78% do corpo queimado, todo enfaixado, ele tava mal.

– Mas ele deu um tiro no botijão de gás mesmo? – perguntei.

– Não se sabe disso, eu tinha as fotos dos corpos no chão, eram as três crianças, e a foto da mulher caída em local distinto. As crianças no quintal do lado de fora da casa e a mulher no lado de dentro, acho que na cozinha. Na verdade, o tiro no botijão de gás não aconteceu, botijão não explode com um tiro. Ninguém sabe por que pegou fogo e eu te pergunto: "Quem matou as crianças?". Ninguém sabe, ninguém viu quem foi, se ele matou ou se achou as crianças mortas e foi atrás da mulher. Ninguém encontrou a arma, não tem como fazer a balística, existem várias vertentes para a história. Eu faria a pergunta no júri: "Será que ele matou a mulher e atirou na sogra porque ele achou que elas teriam matado as crianças? Quando eu cheguei no hospital e falei com ele, ele falou que não tava lembrando de nada e não sabia nem o que que tava acontecendo e por que ele tava ali. Contei pra ele o que que tinha acontecido e que quem tinha me pedido pra eu conversar com ele tinha sido a filha e os sobrinhos dele. Então, ele gravou uma mensagem, mandou um beijo pra filha e falou pra ela me dar uma atenção e ver o que que tava acontecendo e tal, porque ele não sabia de nada. Não sei se ele fez isso por uma estratégia da defesa dele, eu não sei porque não fui eu que o induzi. Aí, eu o orientei para não falar com mais ninguém, nem com advogados, nem com policiais, nem com enfermeiros, médicos, com ninguém, porque eu voltaria lá. Aí, eu recebi uma notícia de que ele tinha saído da UTI e aí vem a parte que eu vou te falar, mas foi apenas o que eu ouvi: "Entre oito e onze horas da manhã, ele teve duas ou três paradas cardíacas. Eu soube que na última, os policiais não deixaram as pessoas, as enfermeiras, entrarem no quarto para prestar socorro pra ele, ele tinha escolta armada. "Ahh, deixa essa porra ir embora, morrer, não vai entrar mais ninguém, chega de ficar salvando essa merda." – e aí ele morreu. Isso as enfermeiras contaram. O prontuário do Hospital Santa Teresa não é fácil de se arrumar, tudo só mediante autorização judicial e da família. Isso foi "morte matada", "morte morrida" não foi. Eu lembro que ele ligou pra uma filha e depois ligou pra um filho e falou que tava lá e que ia se matar, isso os filhos me falaram. Isso eles falaram no inquérito. Eu não fui pegar o inquérito porque eu entrei dois ou três dias depois no processo e aí todo mundo já tinha falado no inquérito. Eu perguntei se eles queriam que abrisse uma investigação contra o hospital, mas eles ficaram naquela, se iam ou se não iam. Um primo de um conhecido meu disse que ele tinha a mania de andar armado pra defender a galera lá na Provisória, ser um xerife do local. Você vai ter que ir lá na Provisória, no Largo da Provisória, ali na entrada tem o Bar do Paulinho, o Paulinho sabe um monte de coisa. Vou te dar os contatos que eu tenho.

Depois dessa rápida conversa, tivemos que nos despedir, pois o advogado foi chamado para uma audiência. Eu saí do Fórum animado, pois sabia que agora eu tinha mais dicas para continuar a minha pesquisa, mas também com mais dúvidas complicadas para esclarecer. Fatos e versões novos me aproximavam mais do crime em si e me distanciavam da análise psicológica que motiva os agressores de mulheres.

III. Jornalistas

Eu tinha que criar coragem para ir sozinho lá no Largo da Provisória e no Bar do Paulinho. Eu queria ver o ambiente da comunidade e da rua do crime, mas ainda me sentia inseguro. Foi então que eu consegui programar um lanche com a jornalista da *Tribuna de Petrópolis*, Janaína do Carmo, que cobriu o caso. Marcamos de tomar um café perto da *Tribuna* e, depois de conversarmos sobre amenidades da vida particular de cada um, a jornalista me contou algumas novidades e me deu mais dicas:

"Eu acho que ele não matou as crianças, primeiro. No fim de semana antes do crime, ele foi na casa dela e aí eles brigaram. Ele tava com uma faca e parece que atingiu o braço ou as costas dela. Ela foi na delegacia, registrou queixa e o delegado pediu a medida protetiva pra ela. Isso foi de sábado pra domingo, e a medida protetiva foi feita na segunda-feira. É o delegado quem pede a medida protetiva ao juiz. Então, na segunda ou terça-feira, o pedido chegou na vara da violência contra a mulher, só que na terça-feira à noite, ele foi lá e a matou. Uma coisa que eu sempre questionei na minha matéria e que eu acho que as pessoas têm que entender é que, mesmo que ela tivesse a medida protetiva, seria só um papel. Se o cara quiser matar, ele vai matar, ela não vai esfregar o papel na cara dele. Todo mundo diz que ele não era um cara violento, os vizinhos dizem que não, que ele era um pai amoroso e que tava sempre passeando com as crianças pela rua. Todo domingo ele levava o filho menor pra lavar o carro junto com ele. Eu acho que a Dona Evanete, a sogra dele, gostaria de te contar o caso. Eu conversei também com um irmão dele, que me falou que nunca entendeu o que aconteceu. O que a polícia acha, o que eu conversei lá com eles, é que ele tentou se matar. Tem que ver o laudo da perícia, e eu não tive acesso. Tinha gasolina lá. Eu acho que ele matou os filhos, matou a mulher e quis se matar, só que ele não conseguiu, acho que não tinha mais balas. Então a única chance dele era se queimar, só que, pra você morrer queimado, tem que ter coragem. Aí ele fugiu com medo de que as pessoas pegassem ele. Dizem que ele foi procurar ajuda na casa da mãe, mas o irmão dele me falou que, se ele tivesse aparecido lá, eles o teriam entregado. Ninguém concorda com o que ele fez. Ninguém questiona que foi ele mesmo que matou todos. Não sei se encontraram a arma porque, depois que ele morreu, o inquérito morreu junto. A filha dele pagou tudo, pagou enterro de todos, pagou o advogado, mas ela não quis falar com a gente. Surgiu a hipótese de que a Luciana teria tentado correr, mas eu acho que não. O velório foi bem triste, a mãe dela, Dona Evanete, não chorava, tentava acalmar as outras filhas, dizia que ela só queria justiça e que já tinha avisado a Luciana sobre ele. Em relação à medida protetiva, você pode falar com a Promotora do MP, Maria de Lourdes Féo Polônio, porque é ela que cuida desses casos. Vai lá no Fórum de Itaipava, na Vara de Violência contra a Mulher, quem cuida desses casos é o Dr. Afonso Botelho. Pelo que eu escutei, pelo que os vizinhos me falaram, ele sempre foi apaixonado por ela, desde a adolescência, e a filha mais velha não era dele. A Dona Evanete me falou que ele sempre foi violento e que ela falava pra Luciana: 'Minha filha, larga ele'. Eu tava em casa e a notícia começou a chegar no o WhatsApp., Era de noite, eu fui lá na manhã seguinte e tinha três peritos no local. Aí eu vi a casa bem queimada, as marcas de sangue, os dois galões de gasolina. E tinha também um buraco no muro, porque era a casa deles e do ladinho a casa da irmã, tipo uma casa grudada na outra. Os vizinhos falaram que ouviram as crianças pedindo socorro e falando pro pai: 'Pai, não faz isso, não faz isso, por que você vai fazer isso?' A mulher do irmão do Jorge me contou que ele ligou antes para Luciana e falou que queria dormir com as crianças naquela noite e que ela deixou. Por isso é que a Luciana estava na casa da irmã, ela ia dormir lá. Eu falei com a professora das crianças, e ela me disse que elas nunca reclamavam de nada e que não davam indícios na escola de que uma coisa dessas poderia acontecer. Ela falou que as crianças estavam sempre arrumadinhas e felizes."

Despedimo-nos e eu agradeci a atenção e o estímulo para continuar com meus estudos. Senti-me ainda mais envolvido, intrigado, confuso e curioso com aquelas informações todas, pois alguns fatos mostravam impressões diferentes sobre o roteiro da noite do crime. Além disso, agora eu tinha que tentar ter acesso ao inquérito na Delegacia ou no Judiciário e falar com a promotora da Promotoria de Investigação Penal (PIP), Dra. Maria de Lourdes Féo Polonio; com o juiz da 2ª Vara Criminal e Juizado Especial Criminal e da Violência Doméstica e Familiar contra a Mulher, em Petrópolis, Dr. Afonso Botelho; e com a Sra. Evanete. Janaína falou que me enviaria um arquivo com todas as matérias publicadas sobre o caso no seu jornal. Entretanto, ela não conseguiu preparar o arquivo, e eu decidi ir à Biblioteca Municipal, que tem exemplares dos originais dos dois diários da cidade. Pesquisei e tirei fotos de todas matérias que encontrei sobre o caso e outras sobre violência doméstica.

Passaram-se algumas semanas e eu consegui marcar um compromisso com a jornalista do *Diário de Petrópolis*, Sr.ª Carla. Essa reunião foi essencial, pois acrescentou novas tarefas para eu investigar melhor o caso. Carla, basicamente, me disse:

"A parte que eu sei é que ele levou a mulher pra ver os filhos mortos. Ele chegou, as crianças estavam sozinhas em casa porque a mãe tinha ido na casa da irmã dela. Brincando, ele chamou as crianças para o lado de fora, colocou as crianças de frente pra parede e matou as três. Foi pra casa da cunhada, deu o tiro na sogra, pegou a mulher pra ver os filhos mortos e depois matou ela. No caso, ninguém ouviu os tiros. Eu falei com a Evanete, e ela me falou que ele era muito violento e que ele já tava dormindo com uma faca embaixo do travesseiro. Soube que eles se conheceram quando ela tinha doze anos de idade e ele sempre falava que ia casar com ela, e casou. Acham que a filha mais velha dela não é dele, mas é dele sim, só que não é registrada no nome dele. Estava todo mundo muito abalado, ninguém acreditava que ele mataria a mulher. A polícia não me deixou chegar perto da casa, mas um PM deixou o fotógrafo subir lá. Chamaram a PM, mas enquanto a PM ficava naquele chega ou não chega, lincharam ele sim. Essa foi a história que eu ouvi. Tem a história também de que quem chamou a polícia foi a mãe dele. Na verdade, ficaram muitas versões pra um caso só. Eu acho que a melhor história vai estar com a sogra. Você pode chegar na família dele que eu acho que eles vão falar. Eles, na casa da cunhada, não ouviram os tiros nem antes nem depois. Quem chegou primeiro foram os bombeiros e aí eles acharam os corpos. Procura o comandante dos bombeiros, Ramon Camilo. Procura também o policial que buscou o assassino."

Como tinha que retornar logo ao seu local de trabalho, Carla acelerou a conversa, disse que tentaria me passar os contatos dos policiais e do Corpo de Bombeiros, e nós nos despedimos. Eu percebi que o volume de contatos e de tempo que teria que dedicar ao projeto estava interferindo na minha vida particular e decidi conversar melhor com a minha mulher.

– Hoje consegui falar com outra jornalista e, depois dessa conversa, acumulei mais tarefas e mais contatos para fazer para o meu novo livro e para explorar o caso da Provisória. Acho que eu só conseguirei chegar aos aspectos psicológicos da violência contra a mulher se eu me envolver mais com as pessoas em torno desse crime. A história já morreu para os jornais, e cada parte do sistema parece estar satisfeita com suas conclusões individuais. Parece que fiquei refém da investigação desse crime para poder chegar no lado psicológico mais geral. Estou confuso, mas animado ao mesmo tempo. O que eu faço?

– Sei que agora você já está envolvido, comprometido com essa história e, acima de tudo, curioso para descobrir a versão mais próxima da real. Você tem que ficar seguro quando falar do assunto, mas também saber parar quando se sentir mal. Não gosto muito de te ver envolvido com esse crime, mas essa loucura é só sua, você é doido, e eu me apaixonei por você assim mesmo, maluco... – respondeu ela, sorrindo para me descontrair um pouco.

– Como você me conhece tanto assim? Vou arrumar um tempo para continuar com essa pesquisa toda, mas confesso que, às vezes, isso me parece impossível. Tenho que ser paciente, não posso ser insistente demais, pois estou pedindo um favor a todos, mas ninguém vai me desanimar ou me travar de vez. Quanto mais pessoas eu procuro, mais elas me empurram para dentro da história, todas, cada uma com seu ritmo e disponibilidade me ajudam a continuar. Agora me sinto quase que obrigado a não abandonar o barco e me sinto bem por tentar conhecer melhor a violência contra as mulheres. Essa coisa de bater em mulher vai continuar por muito tempo ainda.

IV. Judiciário

Durante as próximas semanas, consegui entrar em contato com a Vara de Violência contra a Mulher e conheci a prestativa assessora do juiz Dr. Afonso Botelho, a Sr.ª Stella Maris, que me ajudou a encontrá-lo e a falar com a psicóloga, Sr.ª Madeline, encarregada pela orientação dos grupos dos agressores. Esses grupos são frequentados por homens que ainda estão sendo julgados e pretendem esclarecê-los sobre o que caracteriza os atos de violência doméstica, sobre a Lei Maria da Penha, e sobre como aumentar o respeito pelas mulheres. A presença dos agressores nos encontros e sua postura na audiência final do processo podem ajudá-lo na definição da sua sentença.

Dirigi meus esforços para tentar participar dos encontros dos agressores no Fórum de Itaipava. Eles são obrigados a participar das reuniões, por decisão judicial.

Depois de algumas conversas com a eficiente e simpática Stella, soube que apenas a psicóloga do grupo de agressores, Madeline, ou o juiz, é que poderiam me autorizar a participar deles.

Primeiro, consegui uma rápida entrevista com o juiz, que me autorizou a participar dos encontros dos agressores. Ele também me disse:

"Isso passa de pai pra filho. No lar em que subsiste a violência doméstica, eles acham que aquilo é normal. O caso da Provisória é um caso fora da curva. Em Petrópolis, a gente teve apenas três feminicídios nos últimos anos. Esse agora foi um massacre. A Luciana já tinha feito três denúncias anteriores. Ele ia matá-la de qualquer maneira. Estava determinado."

Num outro dia, conversei com a psicóloga, Sr.ª Madeline, que me explicou as dificuldades para autorizar minha participação no grupo, pois isso poderia afetar o bom andamento dos encontros. Marcamos uma reunião da qual participaram também a assistente da psicóloga e uma especialista em agressividade. A reunião foi longa, mas pouco acrescentou em termos de orientações de pesquisa ou de definição do perfil psicológico dos agressores. O posicionamento delas foi genérico, centrado nos seus méritos, amplo e vago, sem jamais expor constatações ou declarações conclusivas sobre o perfil ou características similares dos agressores.

Entretanto, no dia seguinte, eu consegui participar de uma sessão de audiências na sala de justiça, comandada pelo Dr. Afonso Botelho, com as vítimas e os agressores presentes. Era a chamada "audiência especial" que basicamente perguntava à vítima se ela desejava continuar com o pedido de medida protetiva ou não. Uma das assistentes do juiz, que se sentava à mesa principal da sala, sempre esclarecia às partes que, nos casos de lesão corporal, mesmo que não se desejasse mais a medida protetiva, não havia como suspender o processo porque o promotor iria continuar com ele de qualquer maneira. No fim das audiências, percebi que aproximadamente a metade das mulheres mantinha o pedido da medida protetiva. Quando elas mantinham a medida, o recado da assistente era curto e direto: ela se virava para os agressores e os comunicava que eles não poderiam entrar em contato direto com a vítima por qualquer meio de comunicação, ou eles seriam presos.

Senti-me prestigiado por poder participar da audiência e apreciei a seriedade e velocidade dos despachos. Entretanto, a cada troca de casais que participavam da audiência, eu sentia alguma ansiedade com a postura das vítimas e a entrada dos agressores. Eles praticamente respondiam apenas duas perguntas proferidas pelo juiz e mal olhavam para suas acusadoras. Já elas podiam falar mais e alternavam suas posturas, algumas mais tensas e outras mais relaxadas. Eu saí do Fórum de Itaipava animado com a estrutura e rapidez da audiência e motivado a manter o foco nos órgãos da Justiça.

O encontro com a promotora do Ministério Público, Dra. Maria de Lourdes Féo Polonio, foi o mais burocrático de todos. Eu tive que pedir por escrito uma audiência com ela, e somente dias depois fui atendido. A reunião foi rápida e objetiva, mas impactante para mim. A promotora me explicou:

"O que mais me aflige aqui é a própria mulher, a própria vítima. Parece que a vítima não se incomoda, parece que ela procura esse desfecho, porque não é um caso, nem dois, são muitos casos. O que me encanta mesmo é o trabalho que o Dr. Afonso faz, porque ele é um ícone espetacular, pois, quando a gente denuncia, ele faz reuniões com os homens. Ele tem psicólogos especializados que vão conversar com os agressores, vão abordar o assunto psicologicamente. Eu acho fantástico isso que o Dr. Afonso faz, fantástico. Mas, para ele fazer esse trabalho, o réu tem que chegar lá, e o que acontece nesse caminho? Nesse caminho, a mulher é o seu próprio algoz, porque o homem bate, o homem machuca e aí depois ela sabe que tem que ir lá no IML, mas ela não vai, e aí ele bate outra vez, e aí a delegacia manda ela de novo pra fazer o laudo, e ela não vai. Quando ela não vai, o processo bate aqui, mas eu não tenho materialidade, porque a denúncia não pode ser temerária ou leviana. A denúncia tem que vir respaldada, embasada com um mínimo de conjunto probatório para que eu possa denunciar e o juiz receber a denúncia. Isso é uma coisa muito séria, eu estou mexendo com a liberdade das pessoas. A lei exige do promotor, pra poder denunciar, que ele demonstre cabalmente indício suficiente de autoria e indícios de materialidade. Então, se eu não tenho laudo, se a mulher não foi pro IML fazer o laudo de lesões, não temos materialidade e eu não posso denunciar. Então o homem fica tranquilo porque nunca dá nada pra ele, porque ele bate, vai pra delegacia, ela não faz o laudo, o processo é arquivado e aí ele mata. As mulheres precisam parar de ser seus próprios algozes. Elas precisam ir fazer o laudo, elas precisam procurar atendimento médico porque foram machucadas. A lei é tão protetora da mulher, tão elástica, que ela diz pra gente assim: "Não tem laudo, não tem problema, me dá o BAM (Boletim de Atendimento Médico) do Hospital ou do Pronto Socorro". A lei é protetora da mulher, mas ela não me traz o laudo, nem o BAM. A gente aqui na PIP tem uma função importantíssima que é uma função de prevenção de homicídios. Dizem que 'Quem Ama não Mata!' mas 'quem mais mata é quem ama!', é impressionante. No caso da Provisória aconteceu exatamente isso. A Luciana já tinha sido agredida, o processo veio pra cá, mas a delegacia tem direito de investigar por sessenta dias até me mandar o inquérito. Os fatos da primeira agressão ocorreram em vinte e três de agosto de dois mil e quinze, às duas e quinze da tarde, no Bairro Quissamã, quando o agressor teria agredido a vítima fisicamente, com puxões de cabelo, conforme as declarações dela. Ocorre que a vítima não compareceu ao IML para realização do laudo de lesões, e não há notícia nos autos de que a vítima tenha recebido atendimento médico, restando ausente materialidade delitiva, e o processo foi arquivado. E o segundo caso de agressão, de vinte e cinco de março de dois mil e dezessete, quando chegou pra mim, eu arquivei porque ele já tava morto. Se ela tivesse realizado o laudo em dois mil e quinze, eu teria denunciado, ele teria entrado lá pro grupo de apoio do Dr. Afonso, e teria sido orientado. Nós tínhamos uma situação no Brasil em que o homem podia bater, o homem podia tudo, mas as coisas mudaram, não é mais assim e tem que mudar mais, as pessoas têm que mudar mais."

V. CRAM, CDDH, COMDIM e OAB

Eu decidi que iria continuar minhas pesquisas pelas entidades que cuidam da assistência às vítimas. Inicialmente, eu consegui as reuniões com a coordenadora do CRAM (Centro de Referência em Assistência à Mulher), Sr.ª Raquel Gonçalves Vieira, e com a coordenadora do CDDH (Centro de Defesa dos Direitos Humanos), Sr.ª Carla Carvalho, que me explicaram melhor a função de cada entidade. Raquel me contou que:

"A minha impressão é que ela permitiu que ele fosse até a casa dela, confiando que ela não estaria lá, porque me parece que a ligação que ele tinha com os filhos era muito forte. Acho que ninguém esperava isso. Ele matou os filhos primeiro, e há uma versão, inclusive, dizendo que, quando ele foi lá em cima pegá-la foi pra que ela visse os filhos mortos. Ele queria provocar esse sofrimento de ela ver os filhos mortos. Aí ele atirou no bujão gás, mas a explosão foi tão grande que chegou até ele. O CRAM é o eixo dos órgãos oficiais do município e a porta de entrada de denúncia da violência doméstica no município. Elas têm que chegar aqui no CRAM. Delegacias, Postos de Saúde, Prontos-socorros, Hospitais Particulares ou onde a mulher buscar ajuda médica e de segurança, devem encaminhá-la para cá. Aqui é um centro de cuidado, nós temos aqui uma equipe multidisciplinar e fazemos um levantamento das necessidades das vítimas. Essa questão da violência doméstica na classe social mais privilegiada não é vista com tanta seriedade. Eu conheço vários casos. A importância da mulher ser usuária do CRAM é que nós vamos fazer com que a lei seja aplicada e acompanhada. Se a Luciana tivesse saído da UPA, naquela sexta-feira, e vindo para cá, a história teria sido outra. Eles deveriam ter entrado em contato conosco, ele já tinha ameaçado ela. Nós temos aqui as Casas de Acolhimento e teríamos pegado ela e a encaminhado pra lá. Tem o promotor que julga os casos da Lei Maria da Penha, Dr. Arthur Santana de Oliveira, e vale a pena você falar com ele. Um grupo de alunos da Universidade Estácio de Sá de Petrópolis fez um levantamento dos casos que nós atendemos, com a professora Andréa. Ontem levamos uma mulher pra Casa de Acolhimento. O homem chegou e deu uns tapas nela, o vizinho, que era policial denunciou. Durante o caminho até a delegacia, o cara começou a gritar pra ela, dentro da viatura da polícia: "Agora que a coisa vai ficar preta pra você, dessa você não passa!". Ele foi preso na hora. Em Petrópolis, nós temos um grupo da Polícia Militar, os Guardiões da Vida, que trabalha conosco. Qualquer demanda que a gente tenha aqui, a gente busca eles pra nos acompanhar. Procura o Comandante Oderley do Batalhão da PM, pra te explicar melhor sobre os Guardiões da Vida."

Pronto, eu saí daquela reunião sem muitas novidades sobre o caso da Provisória, mas com mais contatos a fazer. Nesse universo de entidades, eu teria, ainda naquela semana, o encontro com a Sr.ª Carla Carvalho.

Nós marcamos uma reunião, e eu fui até a sede do CDDH me encontrar com ela e com a advogada da entidade, Dr.ª Daniele Linden, que demonstraram ter um cuidado próximo e humanizado com seus assistidos e me contaram certos casos, como:

"A verdade é que quem bate na mulher machuca a família inteira. O que leva a tudo isso é a sociedade patriarcal, o homem domina e, quando o problema é com os filhos, é pra atingir a mulher. É um laço, é uma questão psicológica. A gente entende que afeta a família, óbvio, mas o problema é a relação de poder imposta, mais ainda, pela questão da Igreja, das igrejas evangélicas também. A medida protetiva não protege nada. De fato, a Lei Maria da Penha serve, única e exclusivamente, para punir os homens pobres e negros e, ainda assim, não garante a segurança da mulher. As mulheres deixam de denunciar por saber que eles vão sofrer muito.

A gente teve um caso de uma mulher branca, com vinte e poucos anos, linda, rica. Ela veio aqui com uma criança, mas ela veio aqui pra nada. Ela só queria saber se iria perder a filha. O marido tinha agredido ela no dia anterior. Ele proíbe que ela veja a mãe, a irmã, e tem as senhas das redes sociais dela, só que ela não pode ter as dele. Nós tivemos relatos aqui, inclusive de uma mulher policial que era insensível às vítimas. Tem a relação afetiva também e até a de cuidado. Nós temos um caso próximo de violência contra mulher de rua, todas elas apanham na rua e voltam.

Um cara espancou uma mulher, ela conseguiu a medida protetiva, e ele ficou apavorado. Só que ela voltou pro galpão onde ele dormia. No dia seguinte, de madrugada, ele me ligou: 'Estou desesperado porque ela tá aqui, ela entrou aqui e agora ela tá do meu lado, e eu não tenho pra onde ir'. Ela foi até ele e ela foi pra lá, porque a rua pra ela era mais desesperadora do que apanhar dele, porque ele bate de vez em quando, mas ele também protegia ela dos outros, dos casos de estupro, etc. 'Ele me bate, mas de certa forma ele me protege'. E isso acontece inclusive em casa. A população em situação de rua vive nos padrões da sociedade, que tem um preconceito absurdo em relação aos LGBT. A gente faz inúmeras palestras aqui, mas ela reflete tudo que a nossa sociedade reflete. Esse rapaz, por exemplo, foi pra um abrigo de menores aos oito anos de idade, saiu aos dezoito e mora na rua desde então. Ele tentou matar ela e ela voltou pra ele. Ele não foi preso. Ela é propriedade dele. As que voltam pra casa voltam por causa dos filhos, ameaças com relação aos filhos, e elas se preocupam com eles. A menina branca e rica que veio aqui só veio depois da agressão física, mas todas relatam que antes já passaram por um grande período de violência psicológica. A violência psicológica sempre caminha pra violência física. No encontro de casais que a gente faz aconteceu uma coisa impressionante, uma mulher falou pra outros sessenta casais: 'A mulher tem que ser virtuosa, meu marido bebeu durante vinte e dois anos, e nós estamos casados há vinte e oito anos. Ele foi violento, mas hoje está curado. Ele é um homem de Deus, ele é um homem de bênção que pode dar seu testemunho.'

Sei de outra história próxima de uma mulher que se casou com dezessete anos de idade e que, na noite de núpcias, levou uma surra porque o marido estava bêbado. Ela foi morar numa fazenda e, naquela noite, ela foi até a casa dos pais e, quando ela chegou lá, os pais falaram pra ela: 'Você volta pra casa que agora você é problema dele'. Ela voltou e apanhou a vida inteira, os filhos deles também apanharam. Todos os filhos homens, mais tarde, bateram nas suas mulheres, todos! E ela defendia os filhos. Todas as filhas se separaram de seus maridos agressores."

Antes de nos despedirmos, Carla ainda ligou e pediu à Sr.ª Luciana Périco, do COMDIM, que conversasse comigo. Carla conversou também com a Dra. Priscila Braga, advogada, que é a responsável pela Comissão da Mulher da OAB-Petrópolis.

Luciana Périco é uma mulher expansiva, comunicativa, confiante e envolvida com várias causas sociais. Cumprimentamo-nos, e ela foi direto ao assunto. Luciana me deu uma aula sobre a questão, explicando que:

"Cada cidade tem o seu COMDIM. Tudo que a gente delibera no Conselho, o prefeito delibera depois. Petrópolis não tem uma Secretaria Especial da Mulher e o CRAM funciona como tal. Nós também não temos uma DEAM (Delegacia da Mulher). O COMDIM luta pelos direitos da mulher e por tudo que afeta a vida profissional dela. Luta pelo empoderamento da mulher, sendo a violência o foco principal. É o governo que indica a equipe do CRAM, já o COMDIM é metade sociedade civil e metade governo. Ele é muito mais independente, os conselheiros são eleitos numa conferência com a sociedade civil. A mulher acredita, ela quer crer na pessoa que ela ama. Ela acredita que aquilo foi só um surto que o cara teve e que nunca mais ele vai ter outro. Mas acontece que quando ele empurrou, acabou, dali pra frente ele perdeu o respeito. Então, se ele empurrou e ela não reagiu, ele vai dar um tapa. Depois desse tapa vai vir uma surra, e depois vem um espancamento e ele a mata. Já ouvi várias mulheres falando: 'Ah, mas eu dependo dele'. O problema é que tem mulher que é submissa e que é criada pra viver na submissão. É assim: 'arruma a cama do seu irmão, vai lavar a louça dele'. Tem também muita mulher que fica com medo de encarar a vida, e se faz dependente. Eu não sei como que uma mulher tem coragem de viver com um homem que bate nela. Pra mim isso daí é uma coisa abominável. É difícil da gente entender.

Quanto a quem bate, eu acho que existe um sentimento de posse que veio da criação que o agressor teve e que agora é parte do caráter dele. Muitos ficam traumatizados de ver a mãe apanhar, se metem na frente do pai e depois tratam suas mulheres como princesas. Tem também muito pai que vê o cara judiar da filha e se cala porque não quer ter uma filha separada. Ontem eu vi meu vizinho batendo na mulher, eu chamei a polícia e ela nos falou: 'Não, mas ele não me bateu, ele só segurou no meu braço', mas eu tinha escutado os tapas lá da minha casa. O agressor me empurrou e nos disse: 'É discussão de família normal, os vizinhos é que se metem', e aí o policial me falou: 'Eu não posso fazer nada'. Aí eu virei pra minha vizinha e disse: 'Minha querida, é por isso que muita mulher morre'.

Às vezes, a própria mãe é que cria os filhos errado. Vamos considerar que 95% das vezes quem cria os filhos é a mulher, então não é uma utopia a gente jogar os casos de violência doméstica lá embaixo, porque vai depender das mães que estão criando os filhos agora. Eu tenho o contato de uma vítima que virou a vida dela. Muita mulher tem uma resistência a denunciar, e um dos papéis do Conselho é orientá-la a fazer isso. A gente tem o Ônibus Lilás, que é pra levar a assistência às mulheres aos bairros mais remotos. Teve um lugar para onde a gente levou o ônibus, e umas três mulheres apanharam porque os maridos viram elas entrar nele. Muitas mulheres pedem pra se isolar porque sabem que o marido vai ficar preso, mas vai voltar. Eles pagam a fiança e depois ficam soltos. As leis teriam que ser mais rígidas pra proteger a mulher. Eu vou te colocar em contato com a Marilene, que é aquela vítima que deu a volta por cima. Tem um encontro de agressores no Fórum também."

Essa conversa foi esclarecedora e dinâmica. Nós agendamos um novo encontro na prefeitura, mas Luciana não conseguiu comparecer e me encaminhou para a Sr.ª Anna Maria Rattes, coordenadora do Gabinete da Cidadania da Prefeitura de Petrópolis, atual presidente do COMDIM, viúva de um ex-prefeito da cidade e ex-deputada federal pelo Estado do Rio de Janeiro. Na época, ela foi a única deputada eleita pelo PMDB. Tomou posse na Assembleia Nacional Constituinte, em fevereiro de 1987, vindo a integrar, como membro titular, a Subcomissão dos Direitos Políticos, Direitos Coletivos e Garantias da Comissão da Soberania e dos Direitos e Garantias do Homem e da Mulher. Como suplente, integrou a Subcomissão dos Negros, Populações Indígenas, Pessoas Deficientes e Minorias da Comissão da Ordem Social. Além disso, foi segunda vice-presidente da Comissão da Soberania e dos Direitos e Garantias da Mulher. Ela foi também uma das fundadoras do PSDB (Partido da Social Democracia Brasileira). A Sr.ª Anna Maria me falou que:

"A dependência da mulher é econômica, emocional e cultural. Vem do fato de ela ter sido educada como um ser inferior, um objeto do homem, de prazer, como um bem material, porque o pai passava a filha para o marido como se fosse uma coisa, tinha até dote. Existiu durante séculos. Até 1930, a mulher nem votava. Essa coisa educacional presidiu muito tempo essa dependência e essa dominação. O homem era o provedor, era o chefe da casa. Ela era a dona da casa para fazer a casa funcionar, mas quem dava a última palavra era ele, quem dava o dinheiro era ele e então ela obedecia o marido até, mais ou menos, 1945. Com o Estatuto da Mulher

Casada, ela não podia arranjar um emprego se o marido não autorizasse, não podia abrir uma conta num banco, não podia viajar. A mulher era parcialmente incapaz. Essa é uma questão cultural que faz com que a mulher ainda se sinta inferior. Fora isso, existe a questão física, porque a mulher não tinha, e ainda não tem, como reagir a uma agressão. É a tal história, o homem comum aceita como uma coisa comum o fato da mulher ser menos importante que ele, ou ser mais fraca física e emocionalmente do que ele. A questão da violência doméstica, no fundo, é uma luta pelo poder do mais forte sobre o mais fraco. O marido exerce esse poder sobre a mulher e a mulher o exerce sobre os filhos. A mulher que apanha bate nos filhos. É uma escala de violência que é mal canalizada. Onde existe a violência doméstica, existe uma patologia, está todo mundo doente naquela casa, porque não é normal você conviver num ambiente de violência. A violência doméstica não começa com um assassinato, nem com o homem espancando a mulher, ela começa com pequenas agressões, xingamentos, empurrões, beliscões, puxadas de cabelo, olhadas no celular, questionamentos do tipo: 'O que que você está fazendo? Aonde você foi?'. É a violência da dominação, a mulher não pode nem pensar com a cabeça dela porque o marido acha que ela tem que dizer tudo o que ela faz, o que ela pensa, o que ela quer. Essa dominação é o começo da violência. A mulher gosta do agressor. Ela apanha, mas depois ele pede desculpa, dá uns beijinhos, e ela dorme com ele, faz sexo com ele e gosta dele. Então ela está sempre na ilusão de que ela vai poder mudar o homem. Ela acha que tem esse poder, mas não tem nenhum. Ela não gosta da agressão, ela gosta do cara. Ela não quer ser agredida, mas ela quer desculpar o cara. Quando o homem apanha da mulher, a mulher é o polo emocionalmente forte e o homem é o polo fraco. Então ele apanha porque ele é fraco, e é isso o que acontece com a mulher: ela apanha porque ela é fraca. A dominação dele é pela fortaleza que ele tem, física e emocional. Os homens têm que ser trabalhados, da mesma forma que hoje em dia nós temos meios de fazer um trabalho com a mulheres que apanham, nós tínhamos que fazer um trabalho com os homens que batem, mas o Estado não tem meios. Tem que educar as mulheres porque as mulheres são as primeiras educadoras, porque são mães e são elas que educam os filhos pro machismo. Ela educa os filhos diferentemente das filhas, falando que elas têm que fazer a cama deles, preparar o jantar do irmão, e que o irmão pode sair a hora que ele quiser, mas ela não pode. A questão da religião tem um componente muito grave. Por exemplo, nas religiões evangélicas e, muito na católica também, as pessoas foram criadas com aquele negócio da culpa. O casamento era indissolúvel, e a mulher tinha que casar com aquela ideia de que ela deveria aceitar tudo do marido e, quando e se acontecia alguma coisa, a mulher é que era culpada.

Quando um pai leva um filho pra um prostíbulo pra começar a vida sexual, isso já faz a diferença: a mulher é uma coisa que você vai lá se servir dela pra aprender como se faz. Como que, na cabeça de um adolescente, ele vai fazer a diferença entre aquela prostituta que ele pagou e mulher com quem ele se casou? A Lei Maria da Penha representou uma grande vantagem, que é inquestionável: as mulheres começaram a falar da lei, saber da lei e saber dos seus direitos. Então não é que as mulheres apanhem mais hoje, mas elas denunciam mais hoje. Só que elas denunciam sem ter muita clareza daquilo que elas querem, porque elas ainda têm a dominação emocional. O que existe de comum em todos os casos de violência doméstica é que ela é uma patologia, é uma doença. A violência doméstica, quando se instala, é uma doença. Viver em estado de violência não é normal, se isso acontece então o casal está doente: a mulher porque aceita, e o homem porque bate."

A experiência, elegância e capacidade de articulação da Sr.ª Anna Maria foram importantes para que eu ganhasse uma visão mais ampla do problema da violência doméstica no país.

Num evento do COMDIM, na Prefeitura, eu descobri que o CRAM tinha uma nova coordenadora, a Sr.ª Cléo de Marco. Consegui conversar com ela e marcar um encontro para explicar meus estudos e entender melhor qual seria a nova postura do CRAM. A Sr.ª Cléo é uma mulher comunicativa, agitada, prestativa e simpática. Encontramo-nos na sede do CRAM, e a ela esclareceu que:

"Em primeiro lugar, você respira política, tudo envolve política, mas aqui eu não posso usar de política e, mesmo que eu pudesse, eu não usaria, porque a gente está trabalhando com gente, com vidas. Eu já tenho um trabalho com a comunidade faz trinta e dois anos. Dentro de um casal, mesmo de lésbicas ou de gays, sempre tem um que é mais vulnerável. Nós recebemos aqui um casal de lésbicas, na verdade, era um triângulo amoroso. 'A' namorava 'B', elas terminaram e aí 'A' começou a namorar 'C', e 'B', que ainda era apaixonada por 'A', começou a se meter com 'C'. As duas, 'B' e 'C' então se uniram, 'C' terminou com 'A', e ela e 'B' a esfaquearam. Então 'A' entrou em contato comigo pelo Facebook, e eu vi as fotos dela esfaqueada. Eu achei que era violência doméstica e que se encaixava dentro da Lei Maria da Penha. Quando nós fomos à delegacia, porém, o delegado falou que não era um caso da Lei, e eu até discuti com ele que era sim.

Um dia desses, por volta de uma hora da manhã, uma senhora me ligou, o chuveiro estava ligado, ela estava dentro do banheiro. Ela me disse que o marido estava completamente drogado e que, por enquanto, ela estava segura, pois tinha botado uns negócios atrás da porta. Ela ligou pra PM, que alegou que não tinha um carro para enviar. Aí eu liguei, eles me atenderam e foram lá. Eu falei que, quando uma mulher ligava, eles não acreditavam nela, mas que, quando eu ligava, eles acreditavam em mim e que isso não podia ser assim. Eu tenho um caso aqui de uma outra mulher que já foi espancada por seis maridos diferentes, ela denunciou todos, mas nenhum deles está preso. A Lei Maria da Penha não prende assim não, e a medida protetiva não é um escudo. A Casa de Abrigo é, pra mim, a última opção mesmo. O Abrigo é um caso temporário, pra você sair um pouco daquela violência imediata."

Ao final do encontro, Cléo me deu o seu cartão do CRAM e me mostrou que o telefone celular constante no cartão para atendimento às vítimas era do seu celular particular. Ela ressaltou a importância de estar conectada 24 horas por dia para o socorro às mulheres.

Eu saí daquele encontro mais consciente da importância das Casas de Abrigo e do CRAM para a proteção das mulheres vítimas de violência doméstica.

Numa conversa com a minha mulher, contei a ela um resumo de todas essas reuniões, e ela me surpreendeu com a notícia de que tinha trabalhado com uma ex-psicóloga do CRAM. Conseguimos marcar um encontro num café (Café Carioca), com a Sr.ª Miriam Mendes, que chegou acompanhada de suas filhas. O clima ficou logo relaxado, dada a intimidade das duas. Entretanto, logo depois de tomarem um refrigerante, as filhas de Miriam se retiraram, e a ela começou a falar sobre o assunto:

"Como a gente lida com pessoas de poder aquisitivo mais baixo, existe uma dependência psicológica agravada pela dependência financeira. Muitas vezes a mulher mora na casa que pertence ao homem, e não tem apoio da família dela, pois a maioria não quer se meter, não quer ajudar. Muitas sofrem violência dentro de casamentos que não foram apoiados pela família, e, quando isso acontece é pior ainda, pois foi ela que decidiu mesmo com a família não querendo. Eu tive um caso de uma senhora que tinha quase uns setenta anos de idade. A filha dela pegou uma cartilha que nós estávamos distribuindo na praça e mostrou pra ela. Ela veio no CRAM e falou que tinha descoberto que há quarenta anos era vítima de violência doméstica. O marido dela não batia nela, mas ele era alcoólatra. 'Ele não deixa eu sair de casa, eu não posso pintar meu cabelo, não posso me maquiar. Quando eu vou na igreja, ele me pergunta de que poleiro eu vim.' Ela descobriu que sofria violência psicológica. Deu uma desculpa de que tinha que ir ao médico e se mudou pra casa dos filhos, que a apoiavam. Os filhos percebiam a violência que ela sofria, mas ela não entendia, era submissa demais. Era psicologicamente pequenininha. Aí ela começou a fazer tricô, cortou e pintou o cabelo, pôs um batom e começou a se sentir melhor.

A violência é velada porque, às vezes, as mulheres não entendem o que é a violência. E há também o sentimento: as pessoas gostam, amam o agressor, e a gente não pode julgar o amor. A violência é muito complexa. Durante o acompanhamento, elas vão mudando o discurso. Num primeiro momento, ela não quer mais; depois ela sente que gosta, depois ela não acredita nela, na sua autonomia. As pessoas não a apoiam, e ela é muito dependente emocionalmente. Tem muita dificuldade de ser independente porque, às vezes, ela aprende a lidar com a violência. Ele fica nervoso, agride, mas depois vem a lua de mel, que é quando ele promete um monte de coisas, e ela se apega a isso. Ela já sabe que ele tá nervoso, que 'ele vai só me dar um tapa, mas depois ele vai me trazer flores.' Então, nesse ciclo, ela consegue lidar melhor com a violência dele do que ter que vencer, desbravar o mundo sozinha, com dificuldade. Essas mulheres têm uma autoestima muita baixa. A população mais rica não vai ao CRAM, elas fazem isso com um advogado particular. Quem procura o CRAM são aquelas mulheres que não têm auxílio de nada, não sabem o que fazer nem pra onde ir. Teve uma mulher que me disse que, quando ela namorava, a única coisa que ela viu foi ele arrastar a irmã dele pelo cabelo. 'Eu cresci num ambiente agressor e aprendi que o meu marido pode me bater. Meu pai me ameaçava.' Os agressores ameaçam mesmo. Um era lutador de jiu-jitsu, ele dava um mata-leão nela e, quando ela estava quase desmaiando, ele a soltava. Ela não saia de casa porque ele a mataria. Ela falava que o golpe não deixava marca e que por isso ela não tinha como provar que ele a agredia. Quando a mulher volta pro marido, ela o está empoderando mais, e isso faz com que ele sempre aumente a violência e o controle. No primeiro momento, as mulheres não têm pra onde ir. Elas também têm uma escolaridade muito baixa. A gente tem a Casa de Abrigo, cujo objetivo é impedir que elas morram. São três meses prorrogáveis por mais três, e o objetivo é que se defina a situação do agressor. Num dos casos que a gente acompanhava, a mulher ficou um mês em cárcere privado com cinco ou seis filhos, e uma amiga conseguiu avisar a polícia, que nos chamou, pois teriam que mandá-la pro abrigamento. Ela não pode mais voltar pra Petrópolis. Quanto ao marido, ele recebeu cinco viaturas a tiros e fugiu, A polícia não pegou ele na época. Ela então foi pra casa de parentes no Rio. O abrigo funciona nesses casos, e lá as mulheres não podem ficar com o celular ligado, porque os traficantes descobrem pelo GPS. Na Casa de Abrigo, elas só podem ligar do fixo e na frente da assistente social ou da psicóloga. Talvez, se a mulher do caso da Provisória, Luciana, tivesse ido até o CRAM e sido enviada com seus filhos pra Casa de Abrigo, ela e os três filhos estariam vivos hoje."

Com essas reuniões, eu me senti melhor informado sobre as estruturas de apoio às mulheres, mas, ao mesmo tempo, comecei a refletir sobre a eficiência de se ter tantos caminhos e entidades, governamentais ou não, para procurar ajuda. Eu me perguntava: "Por que não consolidam tudo, definem e divulgam eficientemente apenas um canal de atendimento e suporte às mulheres?" Minha mulher, por exemplo, que é uma pessoa bem informada, nunca tinha ouvido falar de CRAM, CDDH, COMDIM ou da OAB-Mulher. Eu perdi algumas horas de sono formatando uma reorganização de toda essa estrutura, mas me reprimi, pois sabia que eu era "pato novo" no assunto e que "pato novo não mergulha fundo".

Ainda faltava o encontro com a Dra. Priscila, da OAB-Mulher, que eu imaginava como uma reunião mais formal, com informações mais técnicas e objetivas. Nem imaginava que iria falar especificamente sobre o caso da Provisória.

Eu me dirigi até o escritório da advogada e fui recebido de forma carinhosa e descontraída por ela. Lá escutei, informalmente, várias curiosidades:

"Eu faço Vara de Família há treze anos e pego cada caso aqui que você não vai acreditar. Uma vez eu estava tentando conciliar um casal já há quatro anos. A mulher morava numa parte da casa dele, que ele dividiu pra ela, e ele cuidava das crianças na outra parte. Ele pagava as contas da casa para ambos. Eles não faziam sexo há quatro anos. Ela ia pra balada, saia, ia pro Carnaval, voltava dias depois, e ele ficava com as crianças. A juíza sempre pedia pra eles tentarem uma reconciliação. Como ele gostava muito dela, acabava aceitando. Ele ia pra psicóloga e tudo. Ela já havia ameaçado bater nele, caso ele não fizesse o que ela queria. Ele era covarde. Um dia, eu falei pra ele: 'Se ela te encostar um dedo, me avisa'. Ela bateu nele, e eu o chamei pra nós irmos na delegacia fazer um BO (Boletim de Ocorrência). Nisso, ele me falou: 'Não doutora, isso é muito humilhante. É humilhante um homem ir na delegacia fazer uma BO contra uma mulher'. Então eu pedi a suspensão do processo e falei pra juíza que era por culpa dele.

Uma coisa que me intrigou nesse caso da Provisória é que, em muitos feminicídios desse tipo, o homem depois se mata. E ele não tentou se matar não, ele foi linchado. Quem fez as queimaduras nele foram os vizinhos. Aqui em Petrópolis, a gente tá muito atrasado ainda nesse negócio de violência contra a mulher. Na minha concepção, a violência só ocorre porque a mulher não é empoderada e não se valoriza. A mulher acha que ela é vítima, mas a mulher não é vítima não, ela tem que reagir. As mulheres não sabem que elas podem reagir. Os ricos não usam a Lei Maria da Penha. Toda mulher que é rica, e eu tenho várias clientes aqui, apanha do marido calada. Parece que só mulher preta e pobre apanha, porque são só essas mulheres que aparecem e procuram a lei. Mulher rica não procura, a gente tem casos na advocacia em que a mulher apanha e não faz nada. Mulher esclarecida não quer usar a Lei Maria da Penha. De todas as mulheres que denunciam, apenas 1% só está mentindo. Nesse caso da Provisória, eu soube à noite, pelo WhatsApp, e sabia que eu teria que fazer um pronunciamento de repúdio, pela OAB. Liguei para delegacia e eles me falaram que estavam na caça do marido. Eu não sei se deu tempo de a medida protetiva chegar na mão dela. Aqui em Petrópolis, a delegacia nunca deixa de fazer um registro. O pedido da medida protetiva saiu da delegacia na segunda-feira de manhã e foi pro Fórum, pro juiz mandar logo a intimação pro Jorge se afastar da Luciana. Teoricamente, o Jorge não sabia que havia a medida protetiva. Ela tinha que ter saído de casa alguns dias, ido pra casa de alguém, ou colocado alguém dentro da casa dela. Ela não tinha tanto medo dele assim. Nesse caso, um amigo meu, que mora na Provisória, me falou que ela começou a trabalhar e que ele tinha muito ciúme dela, não queria que ela trabalhasse. Aí ele começou a beber, e ela começou a ir pra igreja evangélica. Começou a ficar careta. Ela realmente não esperava que ele fosse fazer aquilo. O comportamento dele nunca foi agressivo, ele surtou. Ele era um cara trabalhador, esforçado. Ele tinha ido lá na casa antes, feito o buraco no muro e armado a cena do crime. Depois da briga do fim de semana, ele começou a articular tudo. Eu soube que ele voltou pra cena do crime e que foi pego lá. Aí meu amigo me contou que quando Jorge Evangelista chegou em casa, os vizinhos jogaram fogo nele. Os vizinhos tentaram linchar ele, mas o irmão da Luciana falou que ele não ia morrer queimado não, que ele ia morrer como ele matou a Luciana, com um tiro na cabeça. O meu amigo estava presente.

Quando o irmão dela foi pegar a arma e voltou, a polícia chegou. Inclusive, a polícia queria até levar ele junto, dizendo que ele estava com porte ilegal de arma. Umas vizinhas ficaram com pena dele, queimando, e jogaram uma coberta nele, pra abafar o fogo. Ele não ia aguentar ficar um dia inteiro queimado no mato, escondido. Por isso eu acredito nessa história. Ele apanhou muito, mas a polícia nunca falou que foi isso, a polícia abafou o caso. Os próprios vizinhos queriam matá-lo . Eu conheço uma enfermeira que trabalha no Hospital Santa Teresa, que me disse que ele foi tratado normalmente. Meu amigo disse que ele não era agressivo, era uma pessoa normal, mas que ele começou a ficar com um ciúme doentio da Luciana. Ele não era de farra, bebia normalmente, não era de droga, não era de bagunça, e todo mundo no morro se pergunta por que que ele fez aquilo. Ninguém conseguiu achar uma resposta porque aquilo nunca foi o perfil dele. O bairro não é mais o mesmo. Ele confirmou que o Jorge realmente foi linchado e que só pararam de agredi-lo quando a polícia chegou.

Quando o homem é agressivo, ele já chega batendo sem motivo. A mulher nunca reage, ela sofre calada, e aí ele bate mais e mais. Eu sempre falo, 'se você for fazer uma denúncia de violência doméstica, não volte pra ele porque, se você for voltar, é melhor você não denunciar, porque ele vai te bater em dobro, ele vai perder o limite. Eu tive o caso de uma mulher que era 'laranja' de um homem muito rico e, depois que ele começou a ter uma amante, ela era melhor morta pra ele. Ai, ele foi perseguido pelo marido da amante. O marido da amante pegou uma conversa deles, na qual eles armavam fugir. Eu tinha cópia de todos os documentos de banco, procurações que a minha cliente tinha dado pro marido, e, depois que ele descobriu numa audiência, ele me ameaçou por telefone. Ela viajou, e ele arrombou a casa dela, atrás de documentos, mas eu tinha cópia autenticada de tudo. Aí eu e ela fomos dar parte à polícia. Eu levei os documentos pra casa e, dois dias depois, minha casa pegou fogo. O incêndio foi criminoso, de acordo com a perícia. Eu tenho uma conhecida e, numa audiência pública sobre violência contra a mulher, eu falei que a mulher tinha que parar de ser vítima e fui considerada machista por ela. Quando o homem não é de má índole, ele bate na mulher só quando bebe. Existem dois tipos de situação: a mulher tá acomodada porque o homem bate, mas dá mordomia. A maioria dos homens que são agressivos não quer que a mulher trabalhe fora de casa. Ele bota tudo dentro de casa pra mulher não sabe trabalhar. Se ela for lá no CRAM, ela vai pra Casa de Abrigo só durante três meses e depois ela vai ter que trabalhar, só que às vezes ela prefere voltar pra casa do que trabalhar. Elas não querem ir à luta. O segundo ponto principal é a carência afetiva, elas simplesmente dizem que amam o homem e aceitam sempre as desculpas dele. Talvez o homem tenha apanhado da mãe e quer fazer o mesmo com a mulher, e ele acha que pode, porque a mãe batia para 'educá-lo'. Eu acho que a maioria dos agressores de mulheres teve problemas em casa com a família, teve uma mãe muito protetora, bajuladora e que era obcecada pelo filho.

Eu tinha um cliente que estava esperando um dinheiro de uma ação e que me disse que ele ia 'morrer antes do dinheiro chegar'. Ele estava separado há quinze anos da ex-mulher, que morava em outra cidade com o filho deles. Um mês depois, eu recebi um telefone me contando que quando o filho estava na escola, ele foi até o apartamento dela, matou ela, ligou pra ex-sogra, que enfartou na hora e morreu. Ele então se matou ao lado dela e, realmente, ele nunca viu a cor do dinheiro da ação. Ele premeditou tudo."

Naturalmente, depois dessa reunião, eu fiquei impressionado com as histórias contadas por ela, mas também confuso com o caso da Provisória. Se por um lado, eu já tinha algumas histórias boas, e mais coerentes sobre o caso, por outro lado, eu não conseguia ignorar algumas informações que me pareciam advir de fontes próximas da advogada. Assim sendo, decidi que ou eu conseguiria falar com a Sr.ª Evanete e ter acesso à versão oficial da justiça, ou eu iria parar com toda aquela pesquisa. Eram muitas versões desconexas ou conflitantes.

A minha determinação me fez optar por continuar a apuração e me levou a ter sucessivos encontros com a Polícia Civil, a Polícia Militar, o Corpo de Bombeiros, com a Sr.ª Evanete, e a conversar com vítimas e agressores, antes de tentar ter acesso ao processo judicial do caso.

VI. Polícia Civil

Apesar de algumas tentativas iniciais frustradas em conseguir um encontro com o delegado da Polícia Civil na 105ª DP, Dr. Cláudio Batista Teixeira, não desanimei, pois sabia que ele era sempre muito requisitado, e que eu estava apenas querendo me informar sobre um caso já enterrado na DP, ou seja, eu estava pedindo um favor. Depois dos contatos telefônicos, o delegado me aconselhou a falar com o investigador do caso, o policial Sr. Alexandre Gheren. Voltei então à DP e consegui ser atendido por Alexandre, que me recebeu com atenção e profissionalismo. A boa impressão que tive do inspetor me fez rever meus conceitos gerais sobre a qualidade da Polícia Civil de Petrópolis e lhe dar uma melhor avaliação. A conversa foi longa e o policial me esclareceu o caso assim:

"Apenas o assassino poderia explicar a dinâmica do crime, se ele matou primeiro as crianças e foi atrás da ex-mulher, ou se matou todos juntos. Eu, particularmente, acho que ele foi primeiro buscar a ex-mulher, deu o tiro na sogra e depois matou os três filhos e a Luciana. Ela tentou correr, e ele a matou, atravessando o buraco no muro. Ela tinha deixado ele ir dormir com os filhos. Outra coisa que eu tenho pra mim, mas são só suposições, é que um revólver tem normalmente cinco ou seis tiros. Ele deu um tiro na orelha da sogra, depois três tiros, um em cada filho, e mais um tiro na ex-mulher, só que foram arrecadadas mais munições intactas no local. Eu acho que ele matou as crianças e a ex-mulher, tacou a gasolina na casa, ateou fogo e, na hora em que ele foi municiar a arma de novo pra se matar, houve a explosão do vapor da gasolina e aí ele perdeu as munições que foram achadas no chão. Ele, queimado, no escuro, no calor, pegando fogo ali, não achou as munições, chamou a atenção de vizinhos que começaram a aparecer pra ver o que estava acontecendo e fugiu pro mato. No dia seguinte, ele saiu da mata, atravessou pra casa da sobrinha dele. A população, ao vê-lo atravessando a rua, começou a se mobilizar com pedaço de pau, de pedra, querendo linchá-lo. Então, a sobrinha ligou para a gente, desesperada, dizendo que iam matar o tio dela e tal. Quando a gente chegou no local, ele já não estava mais na casa dela. Tinha pulado pra dentro do rio, tentando fugir. Ele tentou se esconder da porradaria. Nós fomos lá e pegamos ele. Quando chegamos lá, eu não via morro, só via gente com pau e pedra na mão. Na noite do crime, nós chegamos antes da perícia. Estava só a polícia militar, pois os bombeiros estavam saindo porque já tinham apagado o fogo. A casa estava queimada, muita fumaça, tanta que, depois de removido os corpos, os bombeiros ainda tiveram que voltar porque teve um novo princípio de fogo. Era muita fumaça, a casa estava quente, não dava pra entrar. Os corpos das crianças estavam na varanda, na frente da casa dele. O buraco no muro, ele teria feito dias antes para, passar por ali. O corpo da mulher estava do outro lado do buraco no muro, na frente da casa vizinha, que estava abandonada. Aí eu tinha um fugitivo para buscar, tinha informações de vizinhos, de casas mais acima do local do crime, dizendo que ele tinha passado por lá todo queimado, e que, inclusive numa das casas, o vizinho teria perguntado pra o Jorge: 'O que houve, cara? Por que você tá com essa arma na mão?', e que o assassino teria respondido: 'Não! Os moleques lá embaixo, eles tavam fumando na frente da minha casa, eu fui botar eles pra correr e eles me deram uma surra.' E aí ele subiu, foi em direção à mata que sai lá no Caxambu e ficou escondido. Procuramos ele a madrugada inteira, depois tivemos informações de que ele teria fugido de carro, um Golf branco, mas, no dia seguinte, a gente localizou o carro lá no Quitandinha, e o novo dono disse que tinha comprado o carro recentemente do Jorge. Aí a gente começou a fazer buscas na mata, mas não achava. Quando a gente chegou, no final da tarde, pra pegar ele, a gente se deparou com aquela cena toda: a sobrinha pulou na frente da viatura, saiu correndo na frente e chamou o tio, mas ele já tinha pulado pra dentro do córrego. Ele não chegou a ser linchado, o rosto dele era uma bola, e ele tava todo machucado, e quem não sabe direito da história da explosão, acha que ele apanhou muito e foi linchado, mas ele não tomou nem um tapa. Ele saiu da casa da sobrinha, entrou pra dentro do córrego, o irmão dele pulou atrás e saiu com ele. Ele não tomou um tapa ou paulada. Quando foi feito o Registro de Ocorrência, imediatamente o delegado instalou o inquérito e já pediu a prisão preventiva dele. Aí levaram ele pro Hospital Santa Teresa. Eu falei com ele aqui na delegacia. Ele primeiro veio pra cá, mas não tinha condições de responder, ele não falou nada. O SAMU ou o Corpo de Bombeiros levou ele embora. As investigações continuaram comigo, a prisão temporária era de trinta dias, e mais pessoas foram ouvidas. Eu falei com alguns filhos dele. O inquérito tem tudo. A Aline, filha, foi inclusive para quem ele ligou na noite do crime. Ela prestou declaração no dia que ele faleceu e contou que, por volta das oito horas da noite do crime, o pai ligou pra ela e lhe disse: "Filha, o pai te ama muito, mas o pai acabou de matar as crianças e a Luciana, e agora o pai vai botar fogo na casa e vai se matar". Ela então ligou para o tio, Thiago, irmão de Jorge, que lhe disse que não acreditava no que ela estava dizendo, porque tinha acabado de ver o Jorge no centro da cidade. Ela disse que seu primo, Luiz Henrique, foi para o local e lhe disse que a casa de seu pai estava pegando fogo. Ela correu para lá, mas não teve acesso, pois o local já estava interditado por policiais e bombeiros. Quanto à motivação, ela disse apenas que seu pai não aceitava ficar longe dos três filhos, os quais receberam mais amor que todos os outros receberam. E que, principalmente o filho caçula, Wesley, era extremamente agarrado com o pai e não aceitava dormir sem ele, motivo pelo qual os três estavam na companhia dele no fatídico dia. Quanto à dinâmica do crime, ela ouviu comentários no sentido de que os frequentadores do Bar do Paulinho, abaixo da casa de seu pai, teriam escutado as três crianças gritando e chorando muito, depois escutado três tiros e que, passados alguns instantes, ouvido um quarto tiro e minutos depois um quinto tiro, seguido de uma explosão, o que faz presumir que o pai tenha matado os três filhos, dado um tiro na mãe de Luciana e o último em Luciana, antes de atear fogo na casa. Ela adicionou também "que soube que, no dia anterior ao crime, seu pai procurou Jonathan Freitas Evangelista, seu irmão especial, e lhe entregou sua carteira de trabalho e a quantia de R$ 450,00, mandando que ele entregasse para a mãe, caso lhe acontecesse alguma coisa. Seu pai tinha brigas com Luciana, mas nada de anormal, no entanto, era muito ciumento. Isso está tudo no inquérito. O MP pode ter dar cópia integral dele. Ele era tido como um cara tranquilo, trabalhador, tomava a cervejinha dele, não dava muito papo pra ninguém, tocava a vida. Há relatos de que ele ia atrás da Luciana no trabalho dela. No local, foi arrecadado um fragmento de chumbo, um tiro que ficou no chão, cinco munições calibre trinta e oito, intactas, e três estojos de munição. Ele teve que abrir o revólver. Ele deve ter tentado municiar a arma para se matar, mas, com a explosão, ele perdeu a munição. E se atirar no fogo é bem diferente do que puxar o gatilho no queixo ou na boca. Eu acredito que eu esteja mais por dentro do que o pessoal do MP. Eu acho que todo mundo na comunidade aceitou melhor a polícia ter dado uma pronta resposta. Ele foi no ponto de táxi em que o irmão dele, Thiago, trabalhava e disse ao irmão que voltaria para subir pra Provisória com ele. Dizem que ele estava levando uma sacola de biscoito e que a teria deixado num guarda-volumes, lá perto do Tic-Tac. Todos acham que ele fez isso pro irmão falar que ele estava pelo centro. Eu tenho quase certeza que ele queria se matar mesmo. Num primeiro momento, inclusive, a perícia não pôde entrar na casa, por isso a história de que o botijão teria explodido. A casa estava toda queimada. Alguém me falou que a filha mais velha estava com diabete emocional por conta da briga entre os pais. O Jorge nasceu no dia 23 de junho de 1966, e a Luciana Rodrigues no dia 24 de maio de 1984. Dizem que o caçula conhecia o barulho do carro do pai, e que ele descia a escadaria despinguelado pra encontrar com ele. Pra gente, quando ele morreu, encerrou, não tem mais por que ficar investigando."

Ao final da reunião, o inspetor ainda tentou achar o inquérito, que, no entanto, já tinha sido encaminhado à Promotoria do Ministério Público.

Depois de meses de especulações e dúvidas que me incomodavam, eu tinha finalmente escutado uma história que me satisfazia sobre o caso, que fazia sentido, com princípio, meio e fim. Entretanto, eu sabia que, numa conversa com Dona Evanete, eu poderia me aprofundar ainda mais na questão da personalidade do criminoso e até na dinâmica do crime.

Nessa fase da análise, eu continuava a me perguntar quais os motivos que fariam um homem, considerado um bom pai de vários filhos, discreto em sua vida particular, trabalhador, provedor das condições básicas da sua família, com uma boa casa, morando muito perto dos seus familiares e amigos antigos, com os filhos estudando regularmente, não alcoólatra ou drogado, ter um surto de agressividade e desespero, grande o suficiente para matar seus amados filhos e sua companheira, sua paixão de muitos anos. Eu acreditava que Jorge matara, mesmo sofrendo, os três únicos filhos de Luciana na frente dela, para causar-lhe uma dor profunda, uma dor inimaginável para qualquer mãe.

Continuando minha aproximação com a Polícia Civil, consegui me reunir com a prestativa atendente da NUAM (Núcleo de Atendimento à Mulher) da 105ª DP, Sr.ª Poliana Silva, que me contou que:

"Eu estou há pouco tempo aqui na NUAM, mas o que eu tenho visto é que deveria ter um trabalho preventivo com os casais, porque muitas vezes eles, no calor da emoção, fazem o registro e depois desistem. Quando chega aqui na nossa atuação, a gente não pode se eximir, senão quem responde depois somos nós. Ontem veio aqui um casal, a mulher alegou que ela teria levado um tapa dele, mas não dava pra ver. Quanto a ele, ele chegou todo arrebentado, você não tem noção. Ele veio quase de cadeira de rodas, todo arranhado. Estava com o pé enfaixado e ela falou que bateu pra revidar, legítima defesa. Ela arrebentou o pé dele. A verdade é que ela estava traindo ele, e ele, que estava em casa com a filha doente, ligou pra ela e ela falou que estava num churrasco. Quando ela chegou em casa, começou a discussão, e até um dos filhos afirmou que ela estava tendo mesmo um caso com um cara, e que todo mundo sabia. Eles eram casados há vinte e cinco anos, e ele vivendo essa história. Ele disse que ela já veio brigando, batendo, e que ele segurou ela e foi aí que ela arrebentou com ele, mas a Lei Maria da Penha pega só o homem. O que eu sei aqui é que o Dr. Afonso, mesmo na lesão corporal, que seria uma ação penal pública incondicionada, se o casal volta, ele arquiva. Em tese, pela lei, vítima não pode se retratar, mas, quando arquiva, parou. Tudo que elas querem é ter o seu lar preservado, mas na hora elas vêm aqui e dois dias depois elas voltam para retirar a queixa. Só que aí a gente não pode. Nos casos de injúria ou ameaça, a gente faz o registro, o termo de declaração e pergunta se tem testemunha, porque o Dr. Afonso gosta que tenha testemunhas. Se tem lesão corporal, a gente pede pra fazer o exame de corpo de delito. Então a vítima vai pra lá, faz o exame, e depois os peritos dão o laudo pra gente. A lei Maria da Penha é muita clara, diz que o autor do crime tem que ser homem. Só irmão contra a irmã, pai contra a filha, mulher ou mãe, por exemplo. Eu acho que tem mais denúncias contra Jorge aqui. Olhando no sistema, em 2001, ele já tinha sido autor de outras agressões. Vamos ver as denúncias contra ele. Naquela madrugada de sexta-feira pra sábado, Luciana veio junto com os policiais militares e a mãe. Eu falei pra ela que ela teria que sair de casa porque a medida protetiva não sai na hora e que ela teria que se afastar. Muitas acabam permanecendo com o agressor. Normalmente as agressões estão associadas com bebida ou droga, e os agressores não têm ou tiveram um pai presente. A grande maioria das vítimas vem querer saber sobre essas questões de injúria e, no fundo, elas só querem que a polícia dê um susto no agressor, mas a polícia não dá susto. Aqui a gente faz um procedimento penal."

Agradeci a atenção da Poliana e, antes de sair, tive acesso a um relatório que continha um quadro-resumo das denúncias contra Jorge. Na SESOP (Seção de Suporte Operacional) da 105ª DP, consegui a "Lista de Qualificados com Registro" do Jorge Luiz Evangelista, que continha os dados expostos abaixo.

Eu me impressionei com a quantidade de registros e com a antiguidade do primeiro registro de ocorrência (RO), 20/03/2001, tendo Jorge como autor.

Procedimento	**Data**	**Categoria**	**Status**	**Qualificação**
105-01023/2001	20/03/2001	RO	Em andamento	Autor
105-04566/2002	06/11/2002	RO	Em andamento	Vítima-autor
105-01537/2004	07/04/2004	Inquérito	Enviado à Justiça	Vítima
105-02981/2006	28/08/2006	VPI	Suspenso	Autor
105-00204/2007	18/01/2007	RO	Suspenso	Vítima
105-04605/2015	23/08/2015	Inquérito	Enviado à Justiça	Autor
105-01245/2017	25/03/2017	Inquérito	Justiça (Relatado)	Autor
105-01301/2017	28/03/2017	Inquérito	Justiça (Relatado)	Autor
105-01315/2017	30/03/2017	RO	Suspenso	Autor
105-01442/2017	06/04/2017	RO	Apensado	Vítima

VII. Polícia Militar

A minha aproximação com a PM, no 26° Batalhão-Petrópolis, aconteceu num dia em que saía de uma reunião no CDDH. Eu ia passar pelo bairro do Quitandinha e decidi parar no Batalhão para perguntar pelo Comandante Oderley. Tudo me pareceu mais formal, e eu estava tenso naquele ambiente novo, talvez por falar com o comandante. Ainda não seria dessa vez que eu conseguiria falar com o ele, porém, através de outras dicas, eu consegui combinar um café no centro da cidade, com um policial que estivera no processo de busca do assassino, o PM Bruno Pires. O encontro foi rápido, mas Bruno me pareceu acessível, bem educado, simpático, interessado, e me passou o contato de outro PM envolvido no caso, Léo Patrão, e que poderia me ajudar mais. Bruno resumiu que:

"A gente passou o dia buscando o Jorge. Pensamos que teríamos um enfrentamento. Achamos que ele ia oferecer resistência, mas ele estava jogado no córrego. Ninguém tinha coragem de chegar nele. Foi feito o resgate, e o colocaram na viatura da Polícia Civil."

Antes de procurar o PM Léo, eu consegui uma reunião com o Comandante Oderley, que foi atencioso e focou no trabalho da sua divisão encarregada de atendimento às mulheres vítimas de violência doméstica, os Guardiões da Vida.

"Nós temos uma dupla de "Guardiões da Vida", e ela se propõe a fazer um trabalho preventivo. A violência doméstica acontece dentro de casa, então não tem como a PM se intrometer. Procuramos fazer uma visita preventiva. O grupo dos Guardiões da Vida começou em 2015, em Barra do Piraí, e outras cidades copiaram. A violência doméstica não é só do homem pra mulher, ela é do mais forte pro mais fraco, pode ser de uma mãe pra uma criança ou de uma mãe pra um idoso."

Continuando meus contatos com a Polícia Militar, consegui me encontrar com o PM Léo e, mais uma vez, fiquei bem impressionado com a disponibilidade e a boa formação educacional de mais um policial. Eu me encontrei com ele em três ocasiões, mas a primeira vez foi a que me surpreendeu mais em relação ao caso da Provisória. Ele me contou que:

"Eu posso te afirmar que ele tinha sido viciado em cocaína e também em jogo, ele jogava a dinheiro no Toque-Bilhar. Eu conhecia ele de lá, eu já prendi ele por isso. Eu já conhecia o Jorge da jogatina e eu já peguei ele comprando droga também. Eu peguei ele na boca de fumo, ele tomou umas porradas, como viciado. Dizem que ele não estava aceitando o fim do relacionamento. Dos dez anos que eu tenho de experiência de polícia, eu nunca vi um cara cheirar ou fumar e matar os filhos. Eu combato pra caralho as drogas. Acho que ele matou por ataque de ciúmes. Eu acho que ele não era um exemplo de pai de família. Quando a gente chegou lá na noite do crime, já tinha uma viatura dos bombeiros. Chamaram a gente pelo rádio e falaram: 'Elemento matou a família, tacou fogo e se evadiu pra dentro da mata, faça busca no local'. A primeira viatura chegou pra preservar o local do crime pra perícia. Nós fomos atrás dele na mata, sabíamos que ele estava armado e aí vale o ditado: 'Quem entra primeiro na mata é o dono da mata'. Nós fizemos a busca e não conseguimos achá-lo. Os moradores ficavam dando dicas e nós fomos na casa do traficante Gugu, a casa da ex-sogra dele, o filho da ex-sogra também é traficante, e a casa era boca de fumo também. A Provisória é ponto de venda de drogas. O povo lá é tão carente da presença do Estado, que eles se viram na possibilidade de usar a polícia ali e ficaram mandando a gente pra casa dos traficantes porque a maioria das pessoas tem medo de denunciar porque tem medo das represálias. Mas ninguém sabe que o '190' não tem bina e que o disque-denúncia é preservado em lei, tem lei federal que proíbe a quebra de sigilo telefônico. Pode ligar, e isso ajuda, porque a gente vai. A Polícia Militar é a polícia preventiva, ela foi criada pra que o crime não aconteça, a Polícia Civil é a polícia judiciária, enquanto está no flagrante é problema da PM. O ser humano é produto do meio, a PM é formada por pessoas da sociedade. O principal combustível da violência doméstica é o ciúme. Ciúme, bebida e a mulher duvidar da palavra do cara, dá problema."

Despedimo-nos desse primeiro encontro, e eu reavaliei meu conceito sobre a passividade de Jorge Evangelista. Entretanto, eu achava que as características dele não eram tão anormais e que ainda não justificavam seu crime. Eu imaginava como seria o dia a dia do casal Luciana e Jorge, e ficava especulando como teriam sido os dias de agonia dela.

Num outro evento do COMDIM, me encontrei novamente com o comandante da PM, Oderley, que me encaminhou para conversar com a dupla de policiares militares do "Guardiões da Vida", em especial, com o Sargento André Luis, que me contou:

"Nós corremos muito, porque a gente faz a ronda escolar também. Nós fazemos um acompanhamento com base nos ROs (Registro de Ocorrência) que o CRAM pede pra gente acompanhar. Mesmo que a vítima não vá ao CRAM, depois do RO, o CRAM entra em contato conosco. As vítimas ficam presas aos agressores. A gente tem que acompanhar vários ROs novos por semana. O mais comum são os casos de ameaça, mas tem de tudo. Na maioria das vezes o CRAM consegue administrar por lá mesmo. Nos casos mais pesados, ela entra em contato conosco. Tivemos um caso em que o marido não sabia da medida protetiva, e a mulher estava ao lado dele. O agressor recua quando o caso envolve a polícia. Às vezes, a mulher quer se separar e inventa uma história. Os comunicantes do crime na delegacia são os PMs que acompanham o fato desde o início. Eles é que vão pra delegacia e levam todos os dados do crime."

VIII. Corpo de Bombeiros e IML

Eu continuei minhas pesquisas e, depois de entrar em contato com o Comandante do Corpo de Bombeiros, Sr. Ramon Camilo, que foi atencioso também, descobri o nome da oficial Capitã Pâmela, que fez parte da primeira equipe a chegar ao local do crime. A capitã já havia sido transferida para Teresópolis, cidade próxima, mas também se dispôs a contar sua experiência naquela noite marcante. Agendamos um encontro num café em Itaipava, Pâmela apareceu acompanhada de seu marido e me contou que:

"Quando entra a solicitação, a gente tem que pegar o nome do solicitante, o endereço, o ponto de referência e saber se tem vítima ou não. Ninguém sabia informar sobre vítimas neste caso e, quando falaram que o fogo estava passando pra outra casa, eu acionei o apoio dos bombeiros de Itaipava, porque a gente só tem um carro de água aqui no Retiro. Quando estávamos chegando próximo à Provisória, vimos duas pessoas acenando na entrada da rua. Quando a gente chegou ali, nos avisaram que tinha uma explosão. A guarnição que chegou primeiro viu os corpos caídos fora da casa, aí o médico constatou os óbitos. Vão três viaturas, é um comboio, é padrão. Tem uma ambulância com um oficial médico; tem o carro d'água e a viatura de salvamento, que é a em que eu estava. Tava pegando fogo e a gente combateu. Não foi muito rápido, mas também não tinha passado pra casa de cima. Não teve explosão do botijão. A impressão que eu tenho é que ele jogou a gasolina na casa toda pra depois atear o fogo, só que isso desprende gás. Na hora em que se ateia o fogo, dá um tipo de explosão. Ele deve ter até respingado gasolina no corpo dele e por isso ele se queimou bastante. Eu coordenava a operação, e, nesses casos, se tiver vítima, nós a retiramos e o médico atua. Depois de atestado o óbito é que a polícia faz a perícia e libera pra se retirar o corpo. Nós temos o rabecão pra fazer a remoção dos corpos. Nós todos fomos para lá esperando um incêndio e jamais imaginávamos uma situação daquela, ficamos muito surpresos. Todo mundo vai com aquela capa de proteção, capacete, balaclava, luva, botas, cilindro de respiração e todo o equipamento. Antes de entrar, a gente vê qual é o risco de desabamento. A gente tem que analisar rapidamente várias questões. De minha parte, eu tenho que tomar cuidado com a segurança de todos, olhar a estrutura, etc.. Eu vi as vítimas rapidamente e, logo em seguida, chegaram os médicos. Imagina se a gente chega lá e ele está lá dentro ainda? No dia seguinte, o nosso serviço fica diferente, aquilo abala, mas passa, dilui. Esse fato gerou uma tristeza geral na guarnição. A polícia isolou a área. A gente ficou em contato com o operador do carro d'água, que também ajudou no isolamento. O socorro é muito rápido, a gente saiu pra socorrer em um minuto. O que demora mais é o rescaldo. O botijão de gás tem uma série de mecanismos de segurança, é muito difícil explodir. O gás não entra em combustão sozinho, precisa do oxigênio e da fonte de ignição."

Eu achei a conversa tranquila e informativa sobre os procedimentos de atendimento do Corpo de Bombeiros. Pâmela não se lembrava com precisão de qual tinha sido o médico encarregado daquele evento, mas me recomendou que entrasse em contato novamente com o Comandante, porque fica tudo registrado na unidade do Corpo de Bombeiros. Entretanto, eu me lembrei que a minha mulher tinha um amigo que era médico no SAMU e no Corpo de Bombeiros e resolvi perguntar se ela podia me ajudar a fazer o contato. Por essas coincidências da vida, ela descobriu que o seu amigo é que tinha ido atender o caso da Provisória naquela noite.

Então eu não tive dúvidas e, num dia em que o médico estava no Corpo de Bombeiros, eu apareci lá, perguntando pelo Dr. Cassius, que me atendeu no pátio do estacionamento da unidade. Depois que eu lhe contei a coincidência ocorrida e do meu estudo sobre o caso, o Dr. Cassius me atendeu com mais atenção e numa conversa rápida contou:

"Nós fomos a primeira equipe a chegar e, no meio do caminho, o comunicante disse que parecia que tinha um baleado, depois, que parecia que era mais de um. A gente foi primeiro na casa do vizinho, tinha um buraco na parede e vimos a mulher. Eu passei pelo buraco, não imaginava que tivesse tantos corpos, e a gente não sabia se o Jorge estava por lá. Ainda tinha esse risco. Aí falaram que tinha uma outra senhora que teria sido baleada. Normalmente, a gente só constata a morte, não mexe nos corpos e espera a polícia e a perícia. A nossa ambulância é que fez a remoção dele da 105ª DP pro Hospital Santa Teresa. Ele tava desorientado, em estado gravíssimo. Você perde a barreira natural e fica exposto a todo tipo de infecção. Pra mim, foi muito chocante ver aquela cena porque eu tenho filho na idade das crianças mortas. Eu vi os galões de gasolina. Acho que as crianças tentaram fugir. Ele queimou o corpo todo porque deve ter respingado gasolina nele. Acho que a intenção dele era trancar todo mundo na casa e então botar fogo. Acho que a arma era o 'Plano B' dele. Eu acho que ele não tinha a intenção de se matar. Acho que a perícia é que te dará a melhor dinâmica do crime."

A conversa foi rápida, mas eu fiquei satisfeito em ter mais um relato de alguém que viu de perto a cena do crime. Eu concordava com a impressão do médico de que o assassino não tinha a intenção de se matar, mas eu precisava ainda ter acesso à perícia e ao processo para ter mais convicção sobre os fatos.

Esperançoso de obter mais detalhes sobre a dinâmica do crime, fui ao IML (Instituto Médico Legal) de Petrópolis e me encontrei com a perita criminal que esteve no local. Eu expliquei na recepção que gostaria de falar sobre o crime da Provisória com a perita criminal, Sr.ª Mirian Cacilhas. Apesar de ser simpática, a perita me recebeu com certa desconfiança, e falou o seguinte:

"No caso do incêndio, eu até voltei lá, com outro perito, porque a gente chegou no local à noite. Então, quer dizer, o imóvel tinha acabado de incendiar, ainda tava muito quente, saindo fumaça, e aí não teve condição de a gente entrar no imóvel no mesmo dia. Os corpos tavam lá. Aí a gente retornou no dia seguinte."

Nesse momento inicial da conversa, um outro funcionário do IML a chamou a distância, mas ela continuou a falar:

"Eu fiz a perícia dos corpos, e só. No dia seguinte a gente voltou pra fazer a do incêndio."

Novamente, já se mostrando disposta a falar sobre o assunto, seu colega a chamou para dentro do IML. Ela retornou em seguida me perguntando se eu já tinha tido acesso ao processo e ao laudo através da Polícia Civil. Eu expliquei que já havia falado diretamente com várias pessoas e autoridades envolvidas no crime, mas que ainda não tinha visto o processo que estava em trânsito entre a delegacia, o Ministério Público e o Juizado.

"Você tentou pedir ao delegado o laudo da perícia? Porque, na verdade, a impressão que eu tive em relação aos corpos, o próprio Alexandre Gheren já deve ter te passado, porque ele chegou até antes de mim. A dinâmica do fato eu nem poderia falar pra você, porque eu não tenho como afirmar. , A gente chegou ao local, a gente coletou vestígios, viu as evidências, mas a gente não presenciou e então, por mais que a evidência sugira uma dinâmica, leve a tal hipótese, não é cem por cento. Eu não posso te dar muitos detalhes porque eu não tenho permissão. Se o delegado te liberar o laudo, eu até posso te passar mais informações, mas, como tem hierarquia, eu não posso te liberar informações, mesmo sendo subjetivas. Pede pro delegado, Dr. Claudio, ou pro juiz te autorizar formalmente, e aí eu não me incomodo nem um pouco de te passar mais informações, mas eu prefiro que tenha esse aval."

Nós tivemos que nos despedir apressadamente, e eu me senti, pela primeira vez, desconfortável para pedir mais informações sobre o caso, mas, mesmo assim, decidi que iria correr atrás para ter acesso ao processo – que já deveria estar arquivado – e aos laudos, sem depender de mais favores do delegado ou do juiz. Eu evitava ser insistente e chato com as autoridades.

IX. Sra. Evanete

Numa manhã, eu decidi passar no Largo da Provisória para tentar ver a casa do crime e conhecer o tal Bar do Paulinho. O bar fica na frente de uma pracinha na entrada da Rua Henrique Paixão, e eu resolvi comprar uma água e ficar ali um pouco, para sentir o ambiente. O bar é grande, tem uma bancada de vidro expondo salgados e outras guloseimas, e é também um mercadinho de coisas básicas para o uso diário. Ao fundo, tem uma sala onde alguns usuários jogam cartas e assistem a jogos de futebol. Ao sair, eu fiquei olhando para cima da ladeira, mas não consegui visualizar nenhuma casa queimada no meio de tantas moradias e servidões da comunidade. Aquele passeio me trouxe uma sensação de proximidade com o caso.

Semanas se passaram e eu consegui um contato com alguém que conhecia o Paulinho e que me levou novamente ao bar. Dessa vez, mais tranquilo por ir com um amigo, eu pude conversar com o Paulinho sobre o meu interesse no caso e ele, embora tenha falado pouco do Jorge, mas me explicou onde, aproximadamente, morava a Dona Evanete. Eu e meu amigo seguimos ao local indicado, e outro morador nos falou mais precisamente onde era a casa dela. Depois disso, fomos embora.

Alguns dias depois, fui sozinho procurar por ela, mas, primeiro, me encontrei com o marido dela na rua, e ele me contou que achava que o Jorge tinha matado os filhos primeiro e depois é que tinha ido buscar a Luciana para mostrar a ela os filhos já mortos. Então fui até a casa de Dona Evanete e aguardei para verificar se ela estava disposta a falar sobre o assunto. Em seguida, o marido me chamou para subir e encontrá-la. Nós nos cumprimentamos, e eu reparei num lenço usado por ela na cabeça, provavelmente para esconder as cicatrizes da orelha. Nós nos sentamos na mureta da escada, e iniciei e conversa me explicando:

– Dona Evanete, estou aqui porque estou escrevendo um livro sobre violência contra as mulheres. Eu já falei com alguns jornalistas, com as polícias, as entidades de defesa da mulher, a justiça, e quero contar o caso da sua filha. O problema é que me deparei com muitas versões sobre os fatos, e eu gostaria que a senhora me desse uma versão mais correta, pra eu não escrever bobagem. Eu sei que ninguém sabe exatamente o que aconteceu na casa da sua filha naquela noite, mas eu queria saber mais sobre o relacionamento dela com o marido, e sobre a personalidade do Jorge, porque as opiniões de quem convivia na rua com ele podem ser bem diferentes das opiniões das pessoas mais próximas.

A Sra. Evanete se acomodou melhor e, mesmo um pouco tensa ao falar sobre o assunto, disse:

– Hoje eu não tenho muito tempo pra conversar com você, porque daqui a pouco eu tenho que levar a minha outra filha à delegacia, porque o marido dela bate muito nela também. Ela já está há quinze anos com ele. Acho que ele vai ser preso por causa de drogas, mas ele falou que, quando sair da prisão, ele vai matar ela. Ele falou que matar ou morrer pra ele é lucro. Ele usa muita droga, fica alucinado., Ano passado juntou dez homens e não conseguiram pegar ele. Ele me ameaça, dizendo que, se um dia minha filha desaparecer, ele vem aqui buscar ela e me matar. Na noite do crime, ninguém ouviu nada dos tiros. Em 2015, ele agrediu a Luciana lá no supermercado Celma. A Luciana aparecia com o braço queimado e outras marcas, mas ela mentia pra mim. Ela levou uma facada na madrugada de sexta-feira para sábado. Eu fui no Fórum na segunda-feira com ela, pra falar com o juiz sobre o afastamento do Jorge, mas o papel da protetiva ainda não tinha chegado da delegacia. Ninguém ouviu nenhum tiro.

Eu estava nitidamente tímido, percebi que ela estava nervosa e que aquele não era um bom momento para falarmos sobre o assunto, então agradeci sua disposição em me atender e, em seguida, perguntei se eu poderia procurá-la com mais calma num outro dia. Ela respondeu que sim e me deu o número do seu telefone celular. Na saída, eu só conseguia pensar na agonia dela em estar convivendo com a possibilidade de ter a outra filha brutalmente assassinada.

Após esse primeiro contato, eu tentei marcar outro encontro com ela, mas ela evitava, e tudo o que eu consegui foram conversas rápidas por telefone. Numa dessas ligações, eu falei que poderia ajudá-la com o meu contato no CRAM, e ela me disse que o marido da sua outra filha tinha sido preso poucos dias após a nossa primeira conversa.

X. Morador

Finalmente, eu consegui marcar mais uma conversa com a Dona Evanete, mas, quando cheguei ao portão da casa dela, por volta da 10h da manhã, seu marido me disse que ela não estava se sentindo bem para falar sobre o assunto, e que eu tentasse definir uma outra data. Como a casa dela é próxima do Largo da Provisória, eu decidi parar perto do Bar do Paulinho e tentar mais uma vez avistar a casa incendiada. Achei o colégio de duas das três crianças assassinadas e, pelo que pude ver, ele me pareceu bem instalado e cuidado. Depois de alguns minutos, retornei à Rua Henrique Paixão e expliquei a um morador que passava – e que me observou olhando para cima –, que eu estava ali porque fazia um estudo sobre violência doméstica, e gostaria de saber mais sobre o caso ocorrido naquela comunidade. Contei que já havia falado com a Dona Evanete, com a polícia e com os órgãos de defesa da mulher. Para minha completa surpresa e sem jamais esperar, o rapaz me disse que ele tinha sido a primeira pessoa a chegar ao local do crime, logo após os tiros, a explosão e o incêndio. Eu não podia acreditar naquilo que estava escutando, me parecia mais uma daquelas coincidências que só quem acredita em destino consegue aceitar. Atônito, perguntei se ele poderia me falar sobre aquela noite e expliquei que era muita sorte minha tê-lo encontrado, que o nosso encontro pareceria mentira quando eu contasse para outras pessoas.

Para começar, ali mesmo, do nível da rua, ele me mostrou onde era a casa da família e as duas servidões íngremes que davam acesso a ela. Uma bem mais acidentada, estreita, com degraus menores, dando diretamente na residência, e outra mais suave, aberta, linear e mais bem cuidada, que dava acesso à casa vizinha. Em seguida, ele começou a descrever o ocorrido naquela noite:

"Ele foi lá na casa da Keyla, irmã da Luciana, que fica no fim dessa boa servidão, pra buscar a Luciana, e deu o tiro na Dona Evanete. Chegou aqui e, pelo que eu ouvi, ele matou os quatro de uma vez só. Eu ouvi os quatros tiros e foram assim: um 'pá!', uma pausa de segundos, e 'pá! pá! pá!'. Nessa sequência, quatro tiros, 'pá!', uma pausa e 'pá! pá! pá!'. Na hora, eu vi a posição das crianças e a da Luciana, pois eu fui o primeiro a chegar, e tirei minhas conclusões. Pra mim, o pessoal tava dando tiro aqui em cima porque tem um morador que tava com um revólver naquela semana, dando tiro pro alto. Pra mim, ele é que tinha dado os tiros. Escutei os tiros, mas continuei tomando minhas cervejas no Bar do Paulinho. Esse menino que está ali, agora, no Bar do Paulinho, naquele exato dia, vinte minutos antes, me pediu pra eu comprar um bujão de gás pra ele. Comprei o bujão, e ele subiu, pela mesma servidão do Jorge, pra casa dele, que é um pouco mais embaixo. Aí eu fui tomar minha cerveja e escutei os quatro tiros. Vinte minutos depois eu escutei uma explosão e um amigo me chamou e falou que tinha explodido um botijão de gás, e que a casa tava pegando fogo. Claro que eu imaginei que era o botijão do menino. Então eu saí correndo e vi que não era na casa dele e sim na casa do Jorge. Aí gritei pelo menino, que me falou que tava tudo bem com ele, e chamei mais dois garotos pra subir comigo."

Foi depois de ouvi-lo falar que eu lhe disse que não tinha coragem de subir lá sozinho e que ele se ofereceu para me levar. Nesse momento, senti um misto de satisfação pela incrível sorte de ter encontrado aquele morador e de frustração por não ter conseguido conversar com a Dona Evanete. Experimentei a sensação de estar me aproximando de um ambiente carregado de uma história trágica e íntima de uma família inteira. Escutando todas aquelas novidades, eu não tinha outra opção a não ser a de subir.

Com o intuito de refazer os passos daquele morador na noite do crime, iniciamos a subida pela melhor servidão e chegamos à entrada da varanda da casa vizinha, que se encontrava abandonada. A casa era branca e tinha duas janelas que davam para a grande varanda, com uns 3 metros de largura. Ao chegar, reparei logo no muro que separava as duas casas, do lado oposto ao que chegamos, e verifiquei que o tal buraco feito por Jorge já se encontrava fechado e com os tijolos expostos. No começo da nossa subida, o morador começou a descrever seu trajeto naquela noite e me contou:

"Quando eu cheguei aqui na beira da escada, eu vi o Jorge saindo dessa casa e ele subiu mais a servidão. Pra mim, ele tava indo na casa de cima pegar água. Eu e os dois ajudantes subimos correndo e eu entrei na casa vizinha. A explosão foi coisa de vinte minutos depois dos tiros. Pra mim, o bujão não chegou a estourar, a borracha dele queimou e saiu aquele jato de fogo. Pra mim, ele tinha ido na caixa d'água pegar água. Essa casa já era abandonada na época do crime, tanto que ele fez o furo para poder utilizar esse caminho. Entrei aqui e tava tudo escuro, eu vi a claridade do fogo e subi na mureta pra poder ver a casa dele por cima. Eu olhei e vi as três crianças. A casa pegava muito fogo, as labaredas chegavam na antena. As crianças estavam ali, mas eu não vi a Luciana aqui desse lado escuro. Quando eu vi aquilo, eu falei pros ajudantes que as crianças tinham desmaiado com a fumaça e que era pra irmos lá. Então eu desci da mureta e tropecei em cima da Luciana. No meu pensamento, ele desceu com ela, eles discutiram, ele jogou a gasolina e tacou fogo. Nisso, ela tentou fugir e, quando ela passou pelo buraco, ele atirou nela. As crianças gritaram e ele atirou nos três. Quando eu tropecei nela, tentando passar no buraco pra ajudar as crianças, um dos meninos que veio me ajudar trouxe uma lanterna e falou: 'Caraca, tem uma mulher morta aqui', mas eu não sabia que era ela. Mas a outra irmã dela, que mora aqui perto, estava gritando: 'Ele matou a minha mãe!' porque ela já sabia do primeiro tiro na Dona Evanete. Eu então imaginei que a mulher morta no escuro fosse a Dona Evanete, elas eram parecidas. Eu entrei pra salvar as crianças e, pra mim, o Jorge tava pegando água. Eu vi a menina maior que estava aqui embaixo da janela, a menor mais pra lá, perto do muro furado, e o menino aqui, perto da mureta. Eu fui direto salvar o menino porque ele estava mais perto do fogo e era o mais leve. No que eu meti a mão nele, que eu levantei ele, a cabecinha dele caiu e eu vi o sangue escorrendo. Eu larguei ele e falei pros meus ajudantes: 'Vamos embora que ele matou todo mundo! Corre que ele vai voltar!'. Eu não dormi por cinco noites."

Nessa hora, de pé na mureta da casa vizinha de onde dava para avistar a varanda do local do crime, eu perguntei:

– E qual a razão de ele ter feito esse buraco no muro?
– Ele quebrou o muro porque essa servidão era melhor do que a outra. Quando ele fez o furo no muro, todo mundo usava.

Para ter acesso à casa da família, descemos a boa servidão e subimos pela pior, que chegava diretamente à residência. Ele me contou que foi criado com o Jorge e a Luciana. Entramos na varanda do local crime e o morador continuou a falar:

"Ele não queria se matar, ele tacou fogo com todo mundo dentro de casa. Isso aqui pegava fogo alto, muito alto. Todo domingo ele descia com o menino, e eles lavavam o carro dele. O que eu apurei na época é que ele vendeu o carro por cinco mil reais, mas ele queria onze mil porque o carro era super conservado. Ele deve ter vendido o carro no sábado, veio de ônibus e na segunda-feira ele pediu pra uma moradora daqui pra levar ele na ponte de ferro, pra ele comprar uma arma. Na terça-feira de manhã, ele passou no Bar do Paulinho pra comprar cigarro e viram ele com dois galões cheios de gasolina, que, provavelmente, ele deixou na casa. Os bombeiros chegaram primeiro, aí começou a chegar polícia, o pessoal querendo subir e eu falei pra todo mundo: "Não sobe que tá todo mundo morto". O pessoal que subiu é que me disse que não era a Dona Evanete e sim a Niquinha (apelido da Luciana). Eu fiquei maluco. No dia seguinte, ele foi pego no meu portão. A menina que ligou pra polícia é parente dele. Quando bateu a denúncia na polícia, um policial amigo meu me ligou e perguntou onde era a Gamboa. Eu expliquei que era perto da minha casa. Eu tava trabalhando longe daqui e no caminho um amigo pediu meu carro emprestado para ir buscar a irmã dele, porque ela estava sendo espancada no Vital Brasil. Mas eu falei que tinha que ir pra casa porque o Jorge estava perto da minha casa. Quando eu cheguei, larguei o meu carro com ele e subi a pé. Já estava cheio de polícia perto da minha casa, e a comunidade estava descendo pra linchar ele, mas ninguém bateu nele. Falaram que lincharam ele, mas é mentira. No que eu cheguei na minha servidão, o policial quis me impedir, mas eu falei que tava indo pra casa, que era ao lado, e que eu queria proteger minha família. Aí uma mulher falou que eu tava protegendo o Jorge, que ele estava escondido na minha casa e que deviam me linchar também. Olha isso! Eu entrei na servidão, e ele estava na ponte da minha casa. Ele tava muito queimado e inconsciente. Uma outra irmã dele me falou pra eu ficar quieto, que ele não tinha feito nada com a minha família. A família dele estava acobertando ele. Aí levaram ele e, pra mim, mataram ele dentro do hospital. Disseram que ele morreu de embolia, mas podem ter dado uma injeção de ar na veia dele. Ele era muito fechado, reservado, e o apelido dele era Preta."

Nós retornamos para a rua, e eu não tinha palavras para agradecer. Trocamos nossos contatos telefônicos e eu perguntei se, num outro dia, ele poderia me levar até o local onde Jorge foi preso. O morador só pediu para combinarmos direito, antes, pois ele trabalhava distante dali. Me disse que tinha que ir embora, nós nos despedimos e eu me senti a pessoa mais sortuda do planeta. Eu mal podia acreditar naquilo tudo e agora sabia que poucas pessoas sabiam tanto quanto eu sobre os eventos daquela noite.

Passaram-se alguns dias e nós nos reencontramos no Bar do

Paulinho. Pegamos o meu carro e circulamos pela comunidade, para que o morador pudesse explicar os possíveis trajetos de Jorge naquela noite. Ao final, nós paramos na entrada da servidão que dá acesso ao riacho onde o criminoso foi encontrado. Eu fiquei impressionado com o aspecto sujo, cercado de mato, apertado e escuro, do córrego que passava entre várias casas do local. O morador explicou a localização dos policiais, dos demais moradores e do Jorge, naquela servidão, no dia em que o prenderam. Novamente, eu não sabia como agradecer a ele e nós nos despedimos de vez. Na volta para minha casa, eu só imaginava que a exposição do assassino, com o corpo inteiramente queimado, àquele ambiente insalubre, por quase um dia inteiro, deveria ter resultado em várias infecções mesmo.

Claro que eu ainda desejava ver o processo, por saber que com ele eu teria acesso aos depoimentos dos envolvidos e à tão falada perícia técnica. Entretanto, enquanto eu aguardava para colocar as mãos no processo – que ainda estava circulando entre a 105ª DP, a Promotoria e o Juizado da cidade – decidi conversar com algumas mulheres vítimas de violência doméstica.

XI. Vítimas

A primeira conversa que eu tive foi com a Dr.ª Marilene Cunha, indicada pela Luciana Périco, do COMDIM. Na verdade, eu tive dois encontros com Marilene que, hoje em dia, é uma advogada independente. As reuniões foram nos seus escritórios de advocacia. No primeiro encontro, eu estava um pouco tímido, pois iria escutar histórias de agressão física e da vida particular dela. No entanto, Marilene me tranquilizou quando demonstrou que estava acostumada a falar abertamente sobre o seu caso de violência doméstica. Ela me contou:

"Eu não tenho problema nenhum quanto a aparecer, eu já apareci até na TV. Eu até recebi um telefonema do meu ex-marido, falando que ia me matar porque eu fui à televisão denegrir a imagem dele. Ele estava envolvido com uma pessoa com quem queria se casar, essa pessoa assistiu e questionou ele. Mas tudo o que eu falei era verdade. Eu fiquei 17 anos casada com ele e eu sempre falei pra ele que eu queria estudar, mas ele dizia: 'Pra quê? Você é burra mesmo!'. Eu sofri todas as violências possíveis: psicológica, moral, patrimonial, todas. Certa vez, meu pai me deu um terreno pra começarmos uma vida, e ele rasgou e queimou a escritura porque viu que eu poderia ter a possibilidade de me tornar independente. Quando eu comecei a trabalhar, eu trabalhava escondido, porque ele não aceitava. E tudo que eu fazia, eu pensava em nos ajudar. Eu casei com 16 anos, e ele é apenas alguns meses mais velho do que eu. A gente morava no Rio e, quando eu me casei com ele, moramos na minha sogra, porque eu fiquei grávida. No primeiro dia que eu me casei, eu já sabia pelo que eu ia passar, porque ele saiu e falou: 'Não se mete na minha vida não, que eu não tenho hora pra voltar'. Ele então chegou às quatro horas da manhã, eu estava chorando na cama, grávida, e ele me falou: 'Vai se acostumando, que esse é o primeiro dia de muitos que você vai passar'.

Ele era agressivo psicologicamente, eu ficava abalada e deveria ter percebido na época, só que o tempo foi passando. E as agressões começaram mais porque eu fui trabalhar, depois do terceiro filho. A agressão física começou depois disso. Eu comecei a trabalhar e ganhava muito bem numa firma multinacional e então eu chegava em casa e comprava uma televisão. O homem agride porque ele se sente inferiorizado e sem ter o controle. Ele é o macho, ele é o que sustenta e, quando ele vê que a mulher pode fazer igual, ele começa a pirar. Ele não tem mais argumento. Aí eu comecei a bancar tudo na casa, mas sempre ele era o meu foco, eu sempre tive idolatria por ele.

Num dia, meu chefe me chamou pra outro setor, para o controle de qualidade, e eu tinha que estudar física, porque o meu salário ia dobrar, o que já era bom. Aí, ele disse que eu estava saindo com o chefe, começou a bater ciúme. Eu fiz uma inscrição, pelo trabalho, pra casa própria na Caixa Econômica. Eu queria ter a minha casa porque a gente ainda morava com a minha sogra. Ia sobrar dinheiro da carta de crédito, e eu falei pra ele que iria comprar um carro pra gente: 'Aí você faz a sua tão sonhada oficina mecânica no terreno da casa', e ele me respondeu: 'Você acha que eu vou morar numa casa que você comprou? Trabalhar numa oficina que você montou e andar num carro que você comprou? Eu não vou mesmo e vou acabar com essa farra, vai ser hoje.' Aí ele começou a ficar louco. Eu tinha pavor de falar com um homem sozinho. Ele estava desesperado, ele me torturava o dia inteiro pelo telefone e, um dia, ele foi lá no trabalho, com um carro emprestado, e disse que queria que eu desse um dinheiro pra ele ir pra casa da irmã dele, no Nordeste, para ele ficar por um mês lá. Eu estava no carro, fazendo o cheque pra ele e, de repente, ele me deu um soco no braço e uma cotovelada no peito. O guarda do estacionamento estava vigiando a gente, porque já conhecia o perfil dele. Aí, ele acelerou e jogou o carro dentro do rio que passava pela empresa.

Eu me machuquei um pouco, e o guarda correu pra pegar ele e dizer que ia prendê-lo. Aí eu pedi, pelo amor de Deus, pra ele não fazer isso, e aí chamaram o meu chefe, que me despediu.

Então, eu não pude comprar a casa, não pude comprar nada. Nós voltamos pra casa da minha sogra e aí ficou tudo normal. A gente não se falava, e a minha sogra e as cunhadas chamavam a atenção dele, mas ele não escutava ninguém. Quando eu fiquei em casa, ele ficou todo mansinho, e eu fiquei muito tempo sem trabalhar. Quando eu trabalhava, ele me batia, mas aí eu não aguentava mais e vim pra Petrópolis com ele, perto da minha família. Quando ele bebia, chegava bêbado da rua, ele ficava nervoso, e eu tinha que pensar como eu teria que responder ele. Aí eu disse que queria voltar a trabalhar, e nós falamos do passado. Eu voltei a estudar. Quando eu me senti mais segura, eu comecei a trabalhar escondido dele. Depois combinei com ele e comecei a pensar em me separar. Ele começou a me agredir mais ainda, até um dia que ele me bateu, e o meu filho pegou uma pedra e mandou o pai me largar. Ele ameaçou matar o meu filho também. Aí eu fui pra casa da minha mãe. E fui, com a minha psicóloga, fazer a denúncia, mas era só homens na delegacia e eu fui discriminada. Eu tava toda machucada, mas não fiz corpo de delito. Então um policial me disse que eu tinha que ir na justiça, e meu marido colocou meus filhos contra mim. Não adiantava ele ser preso, só me adiantava a separação e a pensão dele. Como eu estava na casa da minha mãe, morando com meus pais e meus irmãos, ele mantinha distância de mim. Eu voltei a estudar mais e fui pra audiência de separação. Lá eu sofri muito, porque o juiz tava do lado dele. Ele tava bem instruído pela advogada dele e ele estava com a amante do lado., Ela era amante dele desde a época que ele estava comigo, e ela riu da minha cara. Eu pedi pro juiz que ele pegasse os filhos quinzenalmente, mas ele não ia, porque ele só queria ver os filhos pra me agredir. Aí eu me matriculei pra fazer Direito, e fui fazer estágio na Defensoria Pública. O meu primeiro caso foi de uma violência contra a mulher. O CRAM foi criado para se ter uma ajuda física, um acompanhamento físico, não apenas uma ajuda em forma de papel. Depois da minha denúncia, o meu ex-marido foi julgado e obrigado a pagar uma cesta básica. Na época, não existia a Lei Maria da Penha. Hoje em dia, o juiz dá a medida protetiva pra mulher e encaminha o agressor pros encontros. Eu acho que o problema é a submissão da mulher por gostar muito do homem e por causa da impunidade do agressor. Eu sempre pedi pro meu ex-marido ir na minha psicóloga, mas ele só tinha agressividade comigo, não com nossos filhos, porque o pai dele também batia na mãe dele. Eu me separei dele, e ele foi viver com outra mulher, teve dois filhos com ela. Quando eu estava na Defensoria Pública, cuidando de violência doméstica, a então mulher dele apareceu lá. Ela tava grávida, chorando muito, e ela me reconheceu, então eu tive que passar o caso pra outra pessoa. Eles se separaram, e ele foi pedir asilo lá na minha casa.

As mulheres que foram agredidas têm muita dificuldade de se envolver novamente e parece que elas atraem um novo agressor. Existe a dificuldade de relacionamento dos meus filhos com o pai e com outras pessoas. Um não consegue se relacionar sério com ninguém; outro tem uma mulher com perfil agressivo, e a minha filha teve um ex-marido agressor. Minha mãe achava que era normal ser agredida, meus pais brigavam, saiam com a gente pra praça e daqui a pouco eles estavam se beijando. Eu não entendia aquilo, e eles viveram sempre juntos. Minha avó foi muito violentada também. Então, quando eu me casei, eu tentava relevar, e eles não apoiavam a minha separação. Eu me separei e dei a volta por cima."

Quando a entrevista estava terminando, Marilene me entregou umas matérias que já tinham sido publicadas sobre ela na imprensa e ficou de me passar por e-mail o seu trabalho de conclusão do curso de Direito, que tratava de violência doméstica. Marilene foi simpática e acessível, falando abertamente de sua vida, e isso me deu mais força para conversar com as próximas vítimas, que conheci através das minhas postagens no Facebook.

A conversa seguinte foi somente por mensagens pelo Facebook, pois a vítima, Sr.ª Cristina, não concordou com um encontro pessoal. Pela apresentação dela, que tinha 65 anos de idade, eu percebi que era uma mulher educada nas melhores escolas do Rio de Janeiro e que fazia parte da elite carioca. Depois de uma breve apresentação, as mensagens partiram para o caso de violência, e eu iniciei assim:

– Estou escrevendo um livro sobre a violência contra a mulher e vinculando esse trabalho a casos reais.

– Eu de fato enterrei o assunto; foi há muito tempo atrás. Eu tinha 27 anos; durou três anos e meio o casamento.

– Entendo, mas achei que o tempo facilitaria você falar sobre o assunto; quero escrever sobre o lado social/psicológico das vítimas e dos agressores; tenho falado com órgãos tipo, OAB Mulher, COMDIM, Centro de Atendimento à Mulher, falei com uma ex-vítima também.

– Eu era jovem, me apaixonei perdidamente por ele, 13 anos mais velho. Me separei do pai da minha filha para ficar com ele. Ele era muito apaixonado, carinhoso, romântico, uma pessoa muito envolvente e interessante, de boa família; bebia e eu demorei a perceber que era alcoólatra, e quando bebia, o que acontecia sempre, ficava extremamente cimento e agressivo, paranoico; o que era agravado pela diferença de idade; apesar de eu jamais ter dado a ele nenhum motivo para ser tão ciumento. Pelo contrário, ele era o meu sol; minha vida girava em torno dele; mas não bastou; eu era jovem sem nenhuma experiência e não soube sair desse relacionamento, a não ser 3 anos e meio depois.

– Ouvi histórias parecidas com a sua, e até que você saiu rápido desse casamento; o álcool é muito presente nesses problemas.

– Foi muito difícil, houve alguns episódios bem violentos. Num deles eu quase morri sufocada, mas ele se arrependia muito e eu perdoava. Nesse episódio pior, eu sai de casa. Ele entrou em desespero, bebeu por 7 dias e noites. A mãe dele, a filha, e os parentes me ligavam desesperados para eu voltar. Ele prometeu parar de beber e parou por um ano.

– Incrível.

– Como não foi ao AA, voltou a beber, e eu comecei a ficar com medo. Eu tinha uma filha pequena para cuidar e, um dia, cheguei ao meu limite e saí de vez; incrível a família me pressionar; o álcool é o que dispara a patologia.

– Em certos casos, a família da mulher pressiona ou se isenta totalmente.

– Alcoólatras são ciumentos patológicos; minha família não sabia, escondi dela.

– Ciumento ele já devia ser, o álcool explode o problema.

– Minha família só soube no dia em que eu apareci com o rosto muito inchado; ele era mulherengo e me julgava por ele.

– Existem também agressores que não bebem.

– O álcool é excelente desculpa

– O motivo está na criação cultural e exemplo de casa, etc.

– O álcool torna alguns indivíduos agressivos; resumi pra você– A maioria dos homens fica mais agressiva com o álcool, contra homens ou mulheres.

– Mas não quero mais falar, ok?

– Claro; obrigado de qualquer maneira.

– Realmente é uma coisa bem minha. Raramente dividi isso com alguém; algumas mulheres são mortas.

– Várias.

– Eu cheguei perto de ter sido morta; sufocada por uma almofada.

– Estou relatando o caso do cara daqui de Petrópolis que matou a mulher e os três filhos.

– Puxa, que triste.

– Deu um tiro na sogra e incendiou a casa, morreu das queimaduras, 10 dias depois; foi em março agora.

– Horror; tenho certeza de que você manterá a privacidade das pessoas que fizeram os relatos. Obrigada.

– Ele era um bom pai, tinha filhos de outros casamentos, era bem mais velho que ela, casados muito anos e ele era ciumento. Bebia pouco e era considerado ótimo pai, trabalhador, etc.

– Que tragédia.

– Não pretendo relatar casos de fora desse daqui de Petrópolis, mas gostaria de entender a cabeça dos agressores e a postura das mulheres, o lado psicológico; estou estudando. Obrigado mesmo.

– Creio que pensamos que o episódio é isolado, e que não vai se repetir, uma vez que somos tão amadas.

– Eles sempre pedem perdão e prometem acabar com tudo.

– Eles são homens muito envolventes e carismáticos, o meu era, é, um artista; homem interessante, eu muito jovem, inexperiente; só percebi a gravidade muito depois.

– Ele te controlava? Amizades etc.?

– Totalmente.

– Normal.

– Tinha ciúmes até de mulheres; achava que eu estava sendo paquerada por mulheres.

– Te ofendia, te rebaixava?

– Tinha ciúme dos garçons, se eu levantasse os olhos e tivesse um homem na reta, eu já estava paquerando; me xingava de p..., dizia que eu era maníaca por sexo; só nesse sentido.

– Sempre xingam.

– Uma vez, socou a cara do guardador de carro porque ele abriu a porta do carro para mim, disse que ele tava me cantando.

– É incrível mesmo, uma fraqueza enorme dele, uma paranoia crescente.

– Completamente fora da realidade; eu tinha que andar olhando para o chão; não podia usar decotes, nada curto.

– Imagino.

– Saias, shorts jamais; passou, ainda bem.

– Obrigado.

Eu me senti prestigiado pela confissão da Sr.ª Cristina, que confirmou – como eu já desconfiava – que o problema acontecia em qualquer classe social e econômica.

No dia seguinte, eu consegui falar por Skype com outra vítima, Sr.ª Ester, que mora em outro estado e que me pareceu uma mulher segura, reflexiva e bem resolvida com seu passado e o seu estado atual. Fomos direto ao assunto, e o relato dela foi assim:

"Eu fiz uma espécie de catarse de tudo que eu vivi, porque, durante muito tempo, eu não falava sobre o assunto. Eu vivi com uma pessoa louca e, quando você não sofre uma agressão física diretamente, é muito difícil você buscar ajuda, e as pessoas entenderem. Eu fui uma garota que tinha um namorado há três anos, aquele namorado meio machista, porque todo adolescente é meio machista, o que eu acho que faz parte até da criação da identidade do menino, principalmente numa sociedade machista como é a do Brasil. Sou mãe de dois meninos e aprendi muito com os homens que, quanto mais você trata os seus filhos doces e meigos, mais eles são taxados de veadinhos.

Foi aquele famoso casamento que a gente faz, eu engravidei do namorado de três anos, e acabou num casamento. Ele era uma pessoa violenta, entrava em brigas de bar. O agressor de mulher não é um agressor 'de mulher', ele é uma pessoa agressiva. Estar dentro da casa de uma pessoa agressiva significa que ela vai te agredir. Chamam de masculinidade tóxica. Ele era um namorado ciumento, normal. Era um garoto que estava prestando vestibular pra medicina, e eu prestando vestibular pra comunicação social. Nós nos casamos e ele não passou no vestibular, mas eu passei e fui pra faculdade. As agressões aumentaram.

O pai dele que era um caminhoneiro, então deu um caminhão pra ele. Ele esmurrava e batia a cabeça contra a parede. Nosso casamento durou até nós termos uns vinte anos de idade. Eu vivi um estupro marital, ele pensava que era dono de mim. Nós tínhamos a famosa briga que acaba na cama. Eu vivi isso durante um ano e com um bebê pequeno. Aí ele pegou gonorreia. Ele tinha necessidade de ir pra zona, era de baixíssimo nível. Ele gostava do sexo de zona e de beira de estrada. Eu sempre fui muito livre. Eu pensava em estudar e trabalhar. Eu não ficava pensando no que ele estava fazendo. Ele foi o meu primeiro namorado e homem. Ele me estuprava. Eu me separei e eu não conseguia apoio da sociedade. Ele falava que ia me matar e matar o bebê, se eu o deixasse. Eu tinha pouco tempo, liguei pro meu pai me buscar, peguei minhas roupas, joguei numa mala e fui embora. Aí foi dado abandono de lar e eu perdi a guarda do meu filho. Eu nunca me importei, pois acho que pai é pai, e o meu filho ficou morando com ele. Eu ganhei o direito de visitação. Ele vendeu tudo e foi pra Mato Grosso com a criança, e me agrediu. Foi dado endereço incerto, não sabido, e em busca e apreensão. Meu filho saiu daqui com um ano de idade e retornou com seis anos. É um jogo sujo de poder. Ele falava que ia passar por cima de mim e da minha moto com o caminhão.

Durante as audiências de separação eu mencionei que era agredida por ele, mas como não era agressão física e não tinha BO (Boletim de Ocorrência) não foi pra frente. Quando você fala que o seu marido te forçou a fazer sexo, as pessoas não levam isso a sério. Você fala não, não, não, e ele tem mais força que você, te mantém deitada, te penetra, ele tem mais força que você. Para não apanhar, você cede. Eu nunca consegui ter ódio dele. Um garoto bacana, de dezoito anos, que foi levado por uma sociedade machista. Ele era alcoólatra e ficava mais agressivo quando bebia. O álcool já é uma amostra de que a pessoa não tem um equilíbrio emocional. É fácil o cara ficar macho no ambiente doméstico porque ele está fisicamente superior. Ele era um homem forte.

As brigas começam por motivos fúteis. É difícil julgar os homens porque eles têm todo um alicerce da sociedade pra agir daquela maneira. Se eu olhasse pra outros homens, dava briga. Ele agredia o cara. Eu sou mal interpretada em rodas de feminismo, eu digo que eu não fui agredida por um 'homem', eu fui agredida por uma 'pessoa agressiva' que era um homem. Ele é um encrenqueiro, um machão. Nós estamos falando de pessoas desequilibradas e que precisam de apoio. Eu percebi isso, como uma mulher que chega aos cinquenta e três anos de idade entendendo os homens que tive. Eu aprendi a identificar os agressores e a não me apaixonar por eles. Depois da separação, eu saí com três conhecidos dele, e os três me estupraram. Você fala não, e o cara vem com agressão, chamando de vagabunda. Aí eu deixei todo o grupo de amigos.

A agressão desconstrói sua teia de amizades. Eu comecei a fazer o papel da piriguete, de quem só saía pra transar. Eu nem queria me envolver. Eu fiquei dos meus vinte até os meus vinte sete anos sem me envolver com ninguém. Minha amiga me falava que eu me masturbava com o pau alheio. Eu não me permitia ter um relacionamento afetivo. Aí eu conheci meu outro marido, ele não me conhecia na época. Ele me tratou como uma namorada que transa no primeiro dia. A gente vive numa sociedade que tem uma piada que diz que, quando a brasileira termina de transar, ela diz: 'Ah meu Deus, isso nunca me aconteceu antes.' A brasileira nunca pode dizer sim, o garoto é homem se ele for insistente e a garota tem que dizer não, sempre. Essa era a nossa educação sexual. Então, como culpar um homem que força o sexo, numa sociedade que exige esse comportamento feminino? Os jovens são mais preconceituosos ao separar 'a minha namoradinha' das 'garotas com quem eu trepo', e eles transitam só entre a pornografia e a santidade. Quando eu penso no meu ex-marido, eu na faculdade realizando o sonho da minha vida e ele num caminhão, ele deixa de ser um garoto burguês que ia tentar medicina pra se tornar um garoto caminhoneiro pra sustentar uma família. E ele deixa também de ter um olhar tenro por mim e passa a ter um olhar de ódio. Ele casou de novo e eu soube que ele continuou indo pra zona, mas que a nova mulher aceitava. Eu não vejo que os homens batem para parecer superiores. As agressões tendem a crescer, mas eu fiquei um ano. Eu me fingi de morta e nem falei mais do divórcio, eu sumi. Ele foi várias vezes na casa do meu pai, mas eu não deixava ele entrar. Eu só saia acompanhada. Ele me chamava de vagabunda, piranha, e os amigos dele me tratavam como tal.

Meu filho não me reconhecia como mãe, ele chamava minha ex-sogra de mãe. Meu filho não aceitava dormir comigo, ele tinha medo. Aí, meu filho decidiu voltar a morar com o pai, no Mato Grosso, aos doze anos de idade. Com catorze anos de idade, ele veio morar comigo, mas nós éramos dois estranhos, não tinha relação de mãe com filho. Essa destruição familiar vem como dominó. Meu segundo marido era maravilhoso e ele tratava meu filho como um filho dele. Eu aprendi com o meu ex-marido violento e nunca mais me apaixonei por um homem agressivo. Tem mulheres que têm a Síndrome de Estocolmo, elas deixam o ego delas operar, é como se elas tivessem o controle sobre o descontrole dele. São aquelas mulheres que provocam as brigas com homens ciumentos, é um jogo. É uma questão de caráter, não é uma questão de gênero."

Essa análise mais centrada e menos emocional da Ester me fez refletir sobre os motivos culturais do machismo que levam certos homens agressivos a direcionar sua agressividade também contra suas companheiras, e sobre o fato de que certas mulheres poderiam se submeter a esse martírio por se sentirem mais poderosas na relação do casal.

Numa noite, na casa de uns amigos, comentei com eles que eu estava escrevendo um livro sobre violência doméstica, e a caseira deles, Lúcia, escutou a conversa e comentou com a minha mulher que tinha uma história para me contar sobre o assunto. Na volta para casa, minha mulher me descreveu a conversa delas e então combinei de encontrá-la para uma entrevista. Me acomodei num banco de madeira perto do jardim, ela se sentou numa rede e me contou seu caso:

– Felipe, é assim, isso é típico, aconteceu comigo. Homem quando fica com muito ciúme da mulher, cercando ela... Isso é típico de homem que tá aprontando e acha que a mulher tá aprontando também, é bem típico isso. É insegurança. Homem, normalmente, acha que ele não tem problema, é sempre a mulher, é sempre assim. Nunca é dele, e aí ele só descobre que o problema é dele quando ele, tipo assim, fica com uma, fica com outra, fica com outra, e a mulher que ele tinha tem uma vida maravilhosa hoje em dia, e ele não para com ninguém. Aí que ele vai descobrir que o problema é dele. Aí ele tem duas opções: ou ele dá a volta por cima ou ele vai e se afunda. Normalmente, quem tem vício, vai se afundar, que é o caso do meu ex-marido. Problema com o álcool.

– Mas como você o conheceu? – interrompi a conversa, já me posicionando melhor para dar mais atenção a ela.

– Foi assim: a gente frequentava a mesma igreja evangélica, ele tinha uma namorada fazia dois anos, e eu, na época, tinha catorze anos de idade. Ele tinha trinta. A namorada dele tinha, mais ou menos, a mesma idade que ele. Aí a gente se conheceu na igreja e ele liderava os jovens. Até que um dia, ele terminou com ela, eles terminaram, todo mundo ficou sabendo e foi todo mundo apoiar ele. E eu, como sempre, que não gosto de ver ninguém sofrendo, fui logo apoiar e tal, e aí ele tava muito mal, e nós conversamos bastante. Noutro dia, fomos para um encontro de jovens, eu não tinha ninguém para me levar em casa, e ele falou: 'Não, pô! Eu te deixo em casa"' Aí a gente foi andando pela rua, conversando e tal. Eu gostava de uma outra pessoa e falei pra ele que essa pessoa não ia dar certo, que a gente era muito diferente. E a gente foi conversando sobre isso. Ele falando da ex dele, eu falando do meu ex-namorado e acabou que nós ficamos juntos. Como ele era da igreja e eu era da igreja, eu falei pra ele que eu não era mulher de ficar na rua, que eu não era uma 'menina de ficar' e que, pra mim, teria que ser uma coisa séria. Aí passou uma semana, a gente conversando, ele foi na minha casa, pediu pro meu pai se podia namorar comigo e nós começamos a namorar. Dentro de um mês e pouco, mais ou menos, eu tava com muita dificuldade familiar. Meu pai tava com trinta e nove anos de idade, na época, minha família era muito complicada. Meus pais eram separados, eu morava com ele e eu que tinha que cuidar da casa, lavar, passar, cozinhar. Nós passávamos muita necessidade.

– Mas a relação do seu pai com a sua mãe era boa ou ruim?

Nesse ponto, ela explicou, com detalhes, o seu caso:

"Meus pais se separaram, eu tinha doze anos de idade, mas eu nunca assisti nada, apesar assim, que depois da separação, com a briga dos bens, meu pai chegou a bater na minha mãe também, mas, assim, eu não assisti, eu não vi, eu soube depois, mas não foi uma coisa que eu vi e foi passando. Aí meu namorado via as minhas necessidades, sem luz às vezes, sem as coisas, e ele começou a ajudar dentro de casa. Mas aí, meu pai começou de implicância, um ciúme meio bobo dele. Então meu namorado falou: 'Vamos morar junto?'. Ele foi, alugou uma casa, e a gente foi morar junto. Não tinha nada. Eu não tava grávida, não tinha colchão, não tinha nada na casa, era só a casa e nós dois. Uma amiga foi e me emprestou um colchão, um cobertor, e a gente ficou junto. Até então, pra mim, era o meu sonho, minha casa. Eu já lavava, cozinhava pro meu pai. Queira ter um sonho. Então, a gente começou a morar junto em agosto e foi em dezembro que eu engravidei. Eu tive a Manuela, e ele foi assim muito companheiro. Ele não bebia e nós fomos muito felizes durante a gravidez. Apesar das necessidades, nós fomos felizes. Quando tinha passado um ano e pouquinho, ele conheceu um tal de Bolão, e esse foi desgraça de tudo. Ele saiu da igreja, começou a sair com esse amigo, a beber, e beber, e beber, e a mulher desse amigo dele super apoiava, achava que o marido tinha mais que sair. Só que ela era assim, ele saía pro bar e ela saía com as amigas. Ela saía com outros homens e eu não, não é minha índole essa, essa não sou eu. E ele foi bebendo, bebendo, bebendo. Cada vez foi piorando mais a situação e, quando a Manuela tava com uns três anos e pouco de idade, eu falei que eu não aguentava mais aquela bebida. Eu não suportava mais viver com ele bebendo assim. Ele começou a beber vinho, cerveja, cachaça, bebia tudo. Aí foi que mudou tudo, foi muito complicada a situação. A gente só vivia à base de briga, muita ofensa verbal, e a ofensa verbal é a pior coisa que existe pra uma mulher. A Manuela não percebia nada porque ela era muito pequena na época, não tinha como ela perceber. Foi indo e eu engravidei de novo e a situação foi piorando mais ainda. Nossa! Aí que ele se afundou na bebida cada vez mais. Eu engravidei do José Paulo, meio sem querer, no susto. Ele chegava dos bares, me agredia verbalmente, muito. Quantas vezes eu tive que sair correndo, trancar a porta, pra ele não .... Até porque eu sou muito nervosa e então, quando ele vinha pra cima de mim, eu também voava. Ele poderia até partir pra me agredir fisicamente, eu tinha que ter muito controle. Ele é assim, ele é uma ótima pessoa, sabe? Não tenho o que falar dele, ele é uma pessoa legal, o problema dele é a droga da bebida, bebeu, ferrou a vida. Aí eu só vivia dentro de casa, cuidando de filho e tal, até que chegou uma hora que eu falei pra mim: 'Peraí! Eu tenho que trabalhar, eu tenho que estudar, eu tenho que ser alguém na vida.'. Quando ele viu que eu comecei a amadurecer, a crescer, a querer ser alguém, foi que o negócio pegou. Foi um ciúme doentio, que eu não podia olhar pro lado, eu não podia ter amizade, eu não frequentava mais a casa dos meus pais, eu não tinha vida social. Eu consegui um trabalho numa padaria, aí que o bicho esquentou. Ele ia lá fazer escândalo. Ele começou a aparecer no trabalho, fazer show, fazia escândalo, até que chegou uma hora que eu não aguentei e pedi demissão. Ele ficou todo bobo. 'Opa! Agora ela tá dependente de novo'. Aí eu espalhei meu currículo e comecei a trabalhar numa cozinha de um restaurante. Ele amou, porque era cozinha, não tinha público, eu era a saladeira, só ficávamos eu e a cozinheira na cozinha. Eu fiquei durante uns oito meses assim. Até que um dia a dona virou pra mim e falou: 'Lúcia, você pode ficar hoje até mais tarde?', eu tava muito apertada, precisando de grana, e respondi: 'Depende, se você me pagar, é claro que eu fico', e a patroa explicou: 'É que vai ter um festival de pizza e eu tô precisando de alguém e não consegui ninguém'. Eu falei: 'Eu fico, deixa eu ir só em casa, vou só tomar um banho, organizar lá em casa rapidinho e volto quando forem sete horas da noite.'. Eu fui em casa, ele não tinha chegado ainda do Rio, ele trabalhava no Rio, deixei um bilhete pra ele, deixei as crianças com a minha vizinha e fui trabalhar. Cheguei em casa às duas horas da manhã, que era o horário, toda cheia de farinha, porque eu tava fazendo pizza. Mas eu não tava do lado de fora, eu tava dentro da cozinha, mas ele foi lá e não perguntou se eu estava lá, ele ficou tentando me ver, só que eu tava na cozinha, acabou que ele não me viu porque eu tava numa área mais restrita, preparando as pizzas, eu tava numa mesa que ficava atrás, e não tinha como ele me ver. Aí quando eu cheguei em casa, ele começou a me xingar, me puxou, ele falou que eu não tava lá e eu falei que eu tava, tava, e ele foi e me agrediu, fisicamente. Bateu muito no peito, nas costas, chutou, ele me bateu muito em seguida. Eu tentei me defender, mas não conseguia. Ele saiu nervoso porque viu que tinha feito merda. Eu levantei e joguei um monte de copo em cima dele, tentando quebrar em cima dele, mas eu não consegui também não. Ele tava muito bêbado. Ele pegou o Jipe, botou no meio da rua e não conseguiu nem tirar o jipe, deixou o jipe e saiu andando a pé. Aí eu liguei pra polícia e quem atendeu foi, inclusive, um cliente do mercado, que eu conhecia. Eu reconheci, mais ou menos assim a voz, e falei pro policial:

– Por favor, eu queria fazer uma denúncia, meu marido acabou de me bater. Quem tá falando?

– É o Juca.

– Oi, Juca, tudo bem?

– Eu conheço essa voz.

– Sou eu, Lúcia. – E contei o que tinha acontecido.

– Eu não acredito, Lúcia. Olha, se você quer denunciar, você vai denunciar, mas eu vou cobrir ele na porrada.

– Não! Por favor, não quero isso, eu quero só que a lei seja cumprida, não sei o que mais.

– Não! Se eu for aí, eu vou cobrir ele na porrada, que eu tô cansado de ver esse homem maltratar o seu filho na rua.

– Mas como assim?

– Porra! O garoto anda lá atrás, e o pai anda lá na frente. E outra situação que aconteceu é que o menino tava chorando no mercado porque queria um pacote de biscoito, e ele pegou a cerveja dele, mas não comprou um biscoito pro garoto. Se eu for aí, eu vou enfiar a porrada nele.

– Juca, esquece, esquece!

Aí os policiais chegaram lá em casa, eu toda machucada e tal, eles queriam me levar pra fazer corpo de delito e um deles falou assim: 'A senhora que sabe, ele vai preso, ele vai preso agora, a gente vai caçar ele agora, até no inferno'. Eu pensei: 'Minha filha, meu filho, veem isso, que situação, não sei o quê, vergonha da família também'. Eu fiquei com vergonha da família, vergonha de toda sociedade, do mercado e tal. Eu passei panos quentes por cima e falei: 'Não, deixa pra lá.' e eles falaram: 'Eu quero uma atitude sua. Você trabalhou no mercado, a gente te conhece, a gente não vai deixar isso barato não.'. Quando foi um dia, meu ex-marido saiu e eles pegaram ele na rua e deram um sacode nele, mas não bateram, por causa dos meus filhos, tipo, deram 'uns esfrega' nele lá, por causa do carro, e nem falaram que era por causa de mim. Aí passou, eu não quis mais ficar com ele e a gente ficou na mesma casa, então, pra sociedade, a gente era casado. Eu dormia com as crianças, e ele dormia no outro quarto ou na sala. Depois a gente se mudou pra uma outra casa maior. Ele trabalhava no Rio e só vinha nos finais de semana. Ele vinha, dormia no quarto do José Paulo, tentava voltar comigo, fazia de tudo. Ele voltou pra igreja, mas não adiantou mais. Eu tentei também, pensei: 'Vou tentar voltar pelos meus filhos', mas não deu certo, não deu.

Meu pai super me apoiava. Meu ex morava no Rio e então era fácil de conviver. Ele tentava voltar, mas, tipo assim, às vezes, quando ele via que eu tava no WhatsApp, no Facebook ou quando eu tava conversando com alguém, ele ficava brigando, discutindo, mesmo não estando comigo, e eu falava: 'Pô, você não é o meu marido.' e ele berrava: 'Sou sim! Você acha que eu não sou. O quê?' Ele bebia, aí parava, voltava, bebia uma semana, na outra não, na outra era crente, na outra era bonzinho e assim ia. Até que teve um dia que uma amiga chegou pra mim e falou: 'Lúcia, você já tá há um ano e pouco nessa vida, teu filho tá doente, como é que vai ser?' Ele continuava me destratando, me chamava de gorda, de ridícula e dizia: 'Que homem vai querer uma mulher com dois filhos, ainda mais com um filho doente? Que homem que vai querer uma mulher gorda, barriguda?' Me destratava o tempo todo e falava alto: 'Eu te assumi! Eu sou o pai dos teus filhos!' e que, se eu largasse ele, eu nunca mais ia arrumar um homem como ele, porque ele era o bonzão e que ele me completava em todas as áreas. Aí eu conheci uma pessoa, mas eu não quis, eu falei que não rolava e tal. Depois eu conheci uma outra pessoa que eu vi que era a mesma bosta que ele, mesmas coisas, apesar de não beber, mas eu vi que era um bosta também e que não aceitava meus filhos, tipo assim, meu filho não era importante naquela situação, e ele não ia carregar comigo principalmente o peso do meu filho ser diabético, de ter que passar noites acordadas.

Meu filho tinha seis anos, tava no auge do diabetes, desmaiava, caía, eu tinha que correr, tinha que ficar vinte e quatro horas com ele. Eu não tinha o tempo de adolescente, de sair pra viajar, pra namorar, não tinha esse tempo. Aí pensei: 'Peraí, não quero isso!', eu vou viver com meus filhos! Aí eu comecei a viver com os meus filhos, viver pra eles. Foi nessa época que eu comecei a viver pra eles, a trabalhar pra eles, foi indo e eu queria fazer uma página na internet sobre diabetes, eu tava investigando tudo sobre isso. Eu comecei a fazer uma página, troquei o meu Facebook, fiz o 'fake', e foi aí que, um belo dia, eu comecei a conversar com o Miguel, que eu não conhecia. Ele é um ano mais novo do que eu, a gente não tinha amigos em comum e a gente não sabia nada um do outro.

Eu comecei a conversar com ele sobre a gente, e sobre a diabete, e ele foi o apoio total e falou: 'Meu pai tem diabetes desde criança' e resolvemos falar sobre diabetes. Ele perguntava mais sobre os meus filhos do que sobre mim, ele se preocupava com eles e falava: 'Eu vou te ajudar com a insulina'. Aí a gente foi se conhecendo, ele pediu pra eu levar as crianças pra ele conhecer. Eu levei só o José, primeiramente. O José ficou apaixonado por ele, pediu pra ele casar comigo e a gente tá junto até hoje. No começo, o meu ex-marido fez uma guerra danada, falou que ia botar no conselho tutelar, mas quando eu conheci o Miguel, quando eu fui até a cidade dele, eu cheguei de volta em casa, eu botei meu ex pra fora. Eu falei: 'Olha, sai de casa porque eu tenho outra pessoa', e ele: 'Como assim, não pode, você tem que me dar uma nova chance!', eu neguei, mas só que ele achou que, tipo assim, eu tava com um merda de um homem, que não ia me assumir. O que passava na cabeça dele era isso. E que quando eu falasse que eu tinha dois filhos, a pessoa que eu tava ia me chutar. Só que foi totalmente o contrário. Uma vez ele foi pra cidade do Miguel ver as crianças, o Miguel sempre foi muito compreensivo nessa parte, eles se cumprimentaram, meu ex não gostou muito. Depois ele ligou, fez um show, e o Miguel falou pra ele que ia dar uns pegas nele. Aí, começaram os dois a discutir pelo telefone, o Miguel deu um chega pra lá nele e aí, pronto. Depois disso, ele veio mansinho, foi vindo, foi chegando. Eu não forcei nada a ninguém, aí os dois começaram a conversar, os dois se resolviam e até hoje, assim, os dois que resolvem as coisas e se dão super bem. Meu ex tava bem, tinha parado de beber, e aí ele conheceu uma mulher, começou a namorar ela, ficou cinco meses com ela, terminaram, e agora ele voltou a beber. Ele é um profissional e tanto, trabalha como ninguém, é pintor. Ele é um ótimo pintor, pintor de parede, pintor de carro, ele é uma ótima pessoa. Só que assim, pelo jeito, as coisas até mudaram pra ele no trabalho. Ele parou de beber e aí colocaram ele como encarregado de uma fazenda do patrão, mas como agora ele voltou a beber, tiraram ele do cargo. Sei lá, são palavras que ele falou que ficaram marcadas pra sempre na minha vida e que hoje que eu tô conseguindo superar. Hoje eu tô conseguindo fazer o inverso do que ele falava. Ele falava que ia me matar. Eu vejo muita mulher trair, virar vagabunda mesmo. 'Por quê?', erro do próprio parceiro, eles fazem isso com elas, acabam empurrando elas pra fazer isso, eles falam: "Você é uma vagabunda", e elas pensam: 'Então vou virar mesmo', e muitas viram. É o que eu estou te falando, o homem, ele tem a chance ou de crescer, com uma outra família, ou de se afundar. E a mulher a mesma coisa, ou ela se torna uma mulher mais poderosa, mais no sentido de caráter, de índole, de se formar e ser alguém, ou então ela vira uma puta. Ela continua casada, mas sem respeito nenhum. Ou ela vai virar uma mulher guerreira, vai lutar, vai mostrar que ela é muito capaz, vai arrumar um outro homem pra fazer dele 'O Cara', ou ela vai pegar, vai sair com um, com outro, vai viver nessa vida assim. Das duas uma, entendeu? Não é o que ela quer, mas ela vai fazer pra mostrar pra outra pessoa ou pra ela mesma. Se ele falar, numa roda de amigos, que ela trai ele, por exemplo, o que que vai acontecer? Vai chegar uma hora nessa rodinha que ou ela pode mostrar pra eles que ela não é nada disso, sei lá, dar um 'up' na vida dela ou ela pode sair dali e pegar todos os amigos dele, só pra provar que trai mesmo.

Depois de separar, o homem tem duas opções, ou ele vai crescer, vai arrumar outra família, vai ter filho, vai ser "O Cara" pra outra mulher, ou ele vai se afundar, e a mulher também, a mesma situação. Meu ex-marido falava pra todo mundo que eu não valia nada, que eu não prestava, que o traía, e eu tinha na minha consciência que eu nunca fiz isso. Hoje em dia, eu não tenho que provar isso pro Miguel porque, mesmo que eu fosse uma piranha, ele ia se apaixonar por mim e estaria comigo hoje. A sociedade, hoje em dia, me trata diferente. Quando eu chego na minha cidade, eu sou a mulher mais aplaudida, hoje eu chego lá e eu sou muito respeitada. Tanto é que, família é um troço muito complicado, eu tenho parente que falava assim: 'Ah, Lúcia é isso, Lúcia é aquilo, a filha dela vai ser isso, a filha dela vai ser aquilo'. Eles criticavam até a minha própria filha, dizendo que eu não podia ter uma filha que a minha filha ia ser assim, assim e assado. Porque eu casei cedo a própria família julgava muito isso, então assim, hoje em dia, não tô provando pra ninguém, não tenho que provar nada pra ninguém, mas então, assim, a sociedade tá vendo que eu sou assim, uma mãe maravilhosa porque eu assumi um filho diabético que muitas mães abandonam. Eu estudo, eu faço curso e eu trabalho. O Miguel surpreendeu todo mundo, pois acharam que eu ia arrumar um outro homem de merda. Ele cuida dos meus filhos como se fosse mais do que o pai. Hoje em dia, todo mundo vê que eu tô estabilizada, eu tenho um trabalho. Meus patrões me adoram, confiam em mim, e todo mundo fica assim: 'Caraca, aquela menina que casou nova com um cara que bebia', porque eu era uma mulher de um bêbado e isso também suja a nossa imagem. Isso enfraquece a mulher, na sociedade também. E tinha a situação de eu ser muito mais nova que ele, todo mundo falava que eu era muito bonita pra ele, todo mundo criticava, homens mesmo, quantas vezes no mercado, chegavam assim: 'Porra, eu conheci teu marido, como é que tu fica com um homem feio daquele?' O que que eu era? Uma merda de uma mulher, pra sociedade, eu era isso, pra minha família só isso, pra aquelas crentes de igreja, as beatas, eu era guerreira. 'Nossa, Lúcia, tem que lutar, isso que eu gosto, não abandona o cara, é isso aí!'. A mulher assim não é guerreira, é idiota. Eu tenho amigas que olham pra mim e me falam: 'Tu é demais, eu queria ter a metade da coragem que tu tem. Como tu consegue trabalhar, ter garra, essa garra que tu tem, essa índole? Quer ajudar todo mundo, quer cuidar de todo mundo.' Eu fui casada onze anos, o José, meu filho, tinha seis anos e a menina oito anos quando eu me separei. Eu hoje me sinto realizada. Tem muita mulher aí que tá sofrendo, sofrendo, e não toma uma atitude. Tem que tomar uma atitude! Não tem volta, ninguém muda, eu aprendi essa coisa. Eu joguei no lixo nove anos da minha vida. Tem que meter o pé e viver! Eu tinha muito medo dos meus filhos passarem necessidade, mas posso te falar que, desde que eu me separei, meus filhos têm muito mais coisa do que antes. Meus filhos antes não tinham nem comida, e com um pai que ganhava quatro mil reais. Aí, eu fui pra cidade do Miguel, e o meu ex cortou tudo. Parou de me dar um real pra cuidar das crianças. A insulina do José é a melhor, eu não aceito dar nph e regular pro meu filho não. Pro meu filho tem que ser o melhor.

Eu fui morar com o Miguel, ele tava ganhando uns setecentos reais, e eu nada. Consegui administrar, fazia uma unha aqui, um cabelo ali, uma massagem, e depilava uma e outra. Banquei meus filhos muito bem, eu e o Miguel. Miguel ficou desempregado uma época, a empresa em que ele trabalhava foi à falência por causa desse governo aí. Ele trabalhava naquelas casas pré-moldadas. Ficou desempregado, e eu pensei: 'Não, peraí, vamos lá!'. Botei meu ex na justiça pra ele pagar a pensão e, na frente do juiz, ele falou que não ia dar porque ele tava desempregado também, e eu falei que um mínimo ele tinha que dar e aí a médica me proibiu de trabalhar. Quantas vezes eu tava fazendo um cabelo e tinha que correr pra cuidar do José. Eu ou o Miguel, a gente ficava nessa correria, porque do nada, ele desmaiava; do nada, ele fazia hipoglicemia ou hiperglicemia. Hoje em dia, a gente consegue controlar porque o José tá mais esperto, ele avisa, mas antigamente, não. A gente passou muito sufoco no começo com o José e então, assim, um corre pra cá, um corre pra lá, um pega o José, um fica com o José, ninguém aplicava insulina, ninguém cuidava, só nós dois. Na época, o Miguel tinha celular, bicicleta e ele saia vendendo tudo pra não deixar faltar as coisas pras crianças, pra nenhum dos dois. Nunca faltou um leite na minha casa. Ele é um cara super família, ele é igualzinho a mim, ele fala assim: 'Olha, tem que ajudar fulano, vamos lá', apesar que tem muita gente que se aproveita disso da gente. A gente passou por umas situações bem complicadas, mas, assim, a gente se dá muito bem, a gente tá há quatro anos juntos e a gente nunca brigou. Igual agora que eu tô fazendo dieta, perdi cinco quilos, e sabe o que é você ouvir do seu marido: 'Ah!

Não quero não que você emagreça'? Isso tá me dando uma força, é aí que eu quero mesmo. Ele aprendeu a lidar com o meu psicológico, se ele falasse: 'Não, você realmente tá gorda', ele não ia me dar força, eu ia engordar muito mais. Ele aprendeu a lidar comigo, quando eu tô muito pra baixo, as provas são muito difíceis, ele fala: 'Não! Tu consegue mulher, vai lá, tu é inteligente!', sabe essas coisas que te incentivam? O outro era o oposto. O José considera o Miguel mais o pai dele, e a menina não fala mais com o pai. O José ama o pai, tem carinho por ele, mas tem pena, que é um sentimento que eu não gosto que eles tenham pelo pai. Pode ser que eu esteja muito enganada, mas eu percebo, assim, que cada vez que eu cresço, que eu tô crescendo, infelizmente, eu não gostaria que fosse isso, mas cada vez que eu estou crescendo, em todos os sentidos, espiritualmente, materialmente, em todas as áreas, eu vejo que ele tá se afundando mais.

A gente viveu onze anos juntos, e eu sempre trabalhei em casa, nunca fiquei parada: capinava, roçava, eu ia até catar lixo com ele, nunca deixei de trabalhar. Ele comprava o carro que ele queria, um jipe, jipe pra pobre não dá, jipe pra quem tem filho pequeno num rola, e eu falava: 'Vamos comprar um carrinho, fechadinho, bonitinho'. Aí eu pegava meu dinheiro, botava tudo na mão dele e ele só comprava porcaria, só porcaria, ou motão. 'Moto pra quem tem filho?' Eu ficava em casa e ele saia de moto, sempre foi assim. Eu andava no ônibus, e se fosse Natal na família, ele ia de motão, e eu ia com as duas crianças e as malas de ônibus. Essas situações foram muito complicadas pra mim, foram onze anos e, quando eu comecei a namorar o Miguel, meu ex tava com o jipe. Eu tinha no banco, na época, cinco mil reais. Apareceu uma proposta e nós compramos uma Marea, que meu sonho era um carro de quatro portas. A gente tava quase se separando, já, já na reta final, a Marea nunca saiu da garagem, era uma porcaria. Quando a gente se separou, eu falei pra ele assim: 'Pode ficar com tudo, eu não quero nada!' porque o pensamento dele era que ele queria o jipe, a Marea e eu falei: 'Eu só quero o fogão, a geladeira. Fui eu que comprei. As minhas coisas dentro de casa, que eu comprei com o meu dinheiro, eu quero.' Levei tudo, deixei uma cama pra ele, deixei o básico pra ele sobreviver. Me mandei pra cidade do Miguel. E eu e o Miguel, depois de um ano que a gente tava junto, a gente comprou nosso primeiro carrinho, foi um Gol e pro meu ex isso foi assim: 'Caraca, essa mulher já tá com um cara novo e já comprou o carro que ela queria!'. Quando se passaram uns seis meses, trocamos o Gol pelo Astra, porque o Astra era tanto o sonho do Miguel quanto o meu sonho, um carro de quatro portas. Nos onze anos que eu vivi com meu ex, eu não tive nada, hoje eu tenho. E eu fazia de tudo, eu era mulher de fazer tudo por ele, ele chegava do Rio na sexta-feira, eu trabalhava no mercado, parava às oito horas da noite, corria pra casa. Era cansativo, chegava em casa, arrumava a casa impecável, fazia a melhor comidinha, botava a melhor roupinha, sempre fui muito vaidosa, me maquiava, sempre me cuidei, apesar de ser gordinha, sempre me cuidei, as crianças sempre de 'chiquinha' no cabelo, tudo bem arrumadinho, e ele não tava nem aí, não dava valor pra esses pequenos detalhes que pra gente faz a diferença. Hoje, eu tô fazendo um curso e todo mundo fica assim: 'Caraca, que marido é esse que te traz e te busca?', o Miguel tem compromisso comigo de me levar e me buscar. Se depender de mim, a gente só vai crescer. Eu tenho muita fé, e Deus preparou uma pessoa perfeita pra mim, uma família perfeita Eu não tenho contato com a minha ex-sogra, com meu ex-sogro, eu não tinha uma família. Hoje, eu brigo porque eu tenho família demais. A gente vê a família do Miguel toda segunda-feira, é rotina, tem que jantar lá. Os meus filhos são tratados como netos, os meus filhos gostam muito mais dos pais do Miguel do que da minha própria família ou da família do pai; a do pai, eles nem veem. Eu fico com pena, e é um sentimento que eu não gostaria de ter pelo meu ex. Eu queria que ele arrumasse uma mulher, casasse. Tivesse filho não, porque ele não sabe ser pai. Até a ex-namorada dele, que é essa que ficou com ele cinco meses, a gente conversa muito, e ela fala assim pra mim: 'Mulher, tu é top, eu não aguentei cinco meses, ele é compulsivo, ele enlouquece qualquer uma, ele é complicado'. Ele grita com a gente na frente de todo mundo, briga na frente de todo mundo. Isso é a pior coisa que tem, é o que eu sempre falei pro Miguel: 'O dia que você gritar comigo na frente dos outros, tu me esquece', e eu falei a mesma coisa pra ele sobre mim, que às vezes eu sou muito nervosa, falei pro Miguel: 'Tu me segura'. Meu ex-marido chegava na casa da minha mãe, no Natal, fazia um show, brigava, não sei o quê, e isso acabava comigo, na frente de amigos... Nossa, isso me destruía, eu voltava pra casa arrasada, destruída. Isso acaba com qualquer ser humano. Muitas mulheres ficam na mesma situação, muitas fazem o que eu te falei, vão beber, vão ser o que o marido sempre falou que elas são, mas muitas dão a volta por cima."

Depois dessa longa e detalhada conversa, comecei a ponderar se os relacionamentos entre mulheres muito mais novas que seus maridos machistas facilitavam a opressão e a agressividade deles para manter o controle sobre elas. Naquela semana, atualizei minha mulher sobre o andamento do livro e comentei com ela:

– Como você sabe, já falei com quatro mulheres que sofreram agressões, e as histórias são de arrepiar.

– Como assim?

– São casos diferentes, mas tem sempre o lance da paixão e da submissão. Uma é advogada já e me contou abertamente sobre o caso dela. Outra é uma mulher mais refinada, que também se submeteu ao ex-marido por estar apaixonada. Outra me surpreendeu por analisar os casos de violência contra a mulher com mais frieza e objetividade, mas também sofreu. Imagina que ele acabou ficando com a guarda do filho deles. O caso da Lúcia você conhece um pouco, mas os detalhes me impressionaram muito.

– Você está se especializando nesse assunto. Seu livro vai ficar um espetáculo.

– Ainda gostaria de participar de algum encontro dos agressores para tentar escutar um pouco o outro lado da moeda.

– Lembrei que a minha prima trabalha no Fórum de Três Rios,

acho que é na Vara de Família e, se existir um grupo desses lá, talvez ela possa tentar que te autorizem a participar.

– Não acredito nisso, achei que tinha te falado da minha dificuldade em conseguir participar do encontro aqui no Fórum de Itaipava.

– Desculpa, mas só me lembrei dela agora.

– Beleza, liga pra ela amanhã e pede pra ela me arrumar uma conversa com a juíza de lá.

Eu continuei a frequentar os encontros do CRAM e do COMDIM e, num deles, a Luciana Périco me falou que eu deveria conversar com mais uma vítima, Gabriele, que ela conhecia, e que tinha uma história interessante para contar. Eu então tentei marcar um encontro com a Sra. Gabriele, mas ela também preferiu conversar apenas por telefone. Quando eu liguei, Gabriele estava esperando para ser atendida por seu psiquiatra, mas me atendeu com simpatia, apesar de um pouco nervosa, e me contou:

"Eu estou separada dele há quinze anos, mas agora eu tenho uma criança de cinco anos do meu atual marido e os meus dois filhos mais velhos são do meu ex-marido. Eu comecei a ter um problema psicológico e estou fazendo um tratamento com um psiquiatra, não tem jeito, e é devido a essas coisas todas que eu passei, mesmo já tendo quinze anos de separada, mas é como se eu estivesse vivendo isso hoje. Eu fui casada com ele por vinte e um anos, eu casei com catorze anos de idade. Ele fez dezoito anos de idade um dia antes de nós nos casarmos. Eu casei quando eu engravidei. Eu não via a minha vida sem ele, eu falo que eu vivi mais tempo com ele que com os meus pais. Ele me criou da forma dele. A índole dele é de uma pessoa realmente superagressiva e até a pessoa que vive com ele, hoje, sofre, ele tenta fazer a mesma coisa com ela, mas ela revida.

No meu caso não, antes da lei, a gente chegava na delegacia e era assim: 'briga de marido e mulher, ninguém mete a colher'. Ele começou a me agredir depois de uns cinco anos de casados. Ele já mandava, era autoritário e tudo. Eu tava grávida da minha menina. Ele era agressivo com o meu filho também, que tinha só cinco anos de idade. Ele veio de uma família em que os pais se agrediam também. Quem mandava era ele, tipo: 'Quando um burro fala, o outro baixa a orelha'. Então, se eu ameaçasse falar alguma coisa, eu nem podia falar.

Ele era do tipo provedor que quem falava era só ele. Ele sempre teve problema com bebida, ele ainda bebe muito, ele sempre bebeu muito e ficava mais agressivo quando bebia. Ele batia no meu filho com essas mangueiras pretas de água, eu entrava no meio e apanhava também. Era soco e ele tapava a minha boca. Foram muitos anos assim, e não adiantava ninguém se meter porque na hora eu ficava contra ele, mas depois eu não via minha vida sem ele. Ele batia em todo mundo, e não adiantava. Todo mundo via as marcas da violência, mas todo mundo tinha medo dele. Era uma vergonha, ele batia e no dia seguinte era como se não tivesse acontecido nada, ele falava: 'Você me desculpa'.

A gente morava na parte de cima da casa dos meus pais. Meus pais se separaram logo depois de nós nos casarmos. Minha mãe morava embaixo de mim. Ela não suportava ele, e ele já a agrediu e agrediu minhas irmãs. Todo mundo na comunidade tinha muito medo dele. Quando eu me separei, ele foi atrás de mim, me bateu na rua e aí eu peguei e quebrei o carro dele todinho e abri a cabeça dele com o salto do sapato... Nem sei como eu fiz aquilo. Eu era apaixonada por ele, eu não via nenhuma pessoa além dele e achava que eu deveria estar fazendo alguma coisa de errado pra ele ter aquela atitude. Nós dois éramos muito ciumentos.

Minha vida era muito regrada, quando eu fui trabalhar, ele não queria que eu trabalhasse e quebrou a casa toda. Mas aí, pra me controlar, ele comprou um carro pra mim, e eu tinha hora para ir e voltar das reuniões. Quando a minha irmã foi ganhar o filho dela, eu fui pro hospital e, quando eu cheguei em casa, ele me bateu muito porque eu estava atrasada. Hoje eu não tenho mais ódio dele, ele me ensinou a amar ele, a ter ódio dele, mas hoje eu tenho apenas indiferença em relação a ele. Os agressores deveriam pagar o tratamento das vítimas. Ele sempre bebeu. Qualquer coisa era motivo pra me bater. Hoje eu vivo no paraíso com o meu atual marido, ele me respeita muito.

Quando eu me separei, ele não aceitou, começou a andar atrás de mim, querendo voltar, falando que ia me matar, mas ninguém acreditava. Aí eu comecei a ir pra baile, coisa que eu nunca tinha feito, e a beber. Ele chegou a bater com a minha cabeça contra a parede, quase me matar, e ninguém teve coragem de entrar no meio. Quando eu consegui me levantar, eu peguei a chave do carro dele, peguei meu sapato e dei muito nele. Aí passou mais ou menos um mês, e ele continuou andando atrás de mim e falando que ia me matar. Ele foi num clube e mandou me avisar que tava me esperando lá fora. Aí eu saí antes e quebrei o carro dele todo, e ele ficou com medo de mim. Ele começou a querer fazer denúncia contra mim e falar pra eu tirar a queixa na delegacia, que ele retirava a queixa dele também. Eu falei pra ele que eu não era dele. Aí eu tive dificuldade de acreditar em outros homens.

Meu marido não levanta a mão pra mim. Hoje eu aprendi a não bater boca por respeito. Hoje em dia, eu calo minha boca, não por medo, mas por respeito. Eu me apaixonei pelo meu ex, ele foi meu primeiro homem. Ele me criou do jeito dele. Meu filho está bem, mas, no fundo, tem algumas coisas com que ele se revolta, e eu acho que ele tem uma raiva de mim. Nos momentos em que ele apanhava, se eu defendesse, eu ia apanhar junto, e ele me culpa por isso. Eu pensava: 'Como é que meus filhos vão ficar sem pai, e como é que eu vou sobreviver?' Eu só me independi trabalhando com trinta e três anos de idade. Eu fui trabalhar contra a vontade dele e, em quatro anos, eu me separei dele. Quando a gente casou, a gente foi morar longe e ele falava que ia melhorar, mas lá era pior porque ninguém me defendia.

Eu comecei a fazer uma aula de computador, e eu nunca tive nada com o professor, mas ele me dava atenção. Eu nunca traí meu ex-marido, mas comecei a ver que eu podia olhar outros homens com outros olhos. Aí, quando eu tomei a última coça, eu fui pra casa da minha mãe. Eu cansei de chegar no trabalho com os olhos ou o queixo roxos. Eu ia na delegacia, dava queixa, mas eu não voltava porque eu não queria que fizessem mal pra ele. Ele nunca foi preso, eu abria mão da queixa pra acabar com tudo. Ele tinha uma amante, ele teve dois filhos com ela quando era casado comigo. Eu desconfiava, mas não queria acreditar. Nesse tempo todo, ele sempre me traiu. Eu tinha nojo dele, e a gente passou quase um ano sem se tocar, mas eu não tinha como dizer não pra ele. Eu fico o tempo todo tentando mostrar pras pessoas que eu não sou aquilo que eu passei."

Esse caso da Gabriele me perturbou pela extrema agressividade dele. Eu não conseguia entender como homens assim circulam impunes na nossa sociedade.

Depois dessas conversas, eu me encontrei novamente com a Marilene, em seu novo escritório de advocacia. Eu contei sobre as conversas que tive com outras vítimas e ela me explicou mais sobre o seu caso:

"Atualmente, eu e meu ex-marido nos damos bem. Ele é mecânico do meu carro, nós não falamos do nosso assunto passado, a gente se respeita, só falamos do carro. Pra mim, dizer o perfil dele como agressor é contar que ele teve um lar em que ele via agressão: o pai batia na mãe, a mãe traia o pai, porque a mulher fica com a autoestima dela muito abalada e, quando vem uma pessoa e fala que ela é bonita, que ela não devia estar passando por aquilo, ela vai. Ou seja, ela quer momentos de carinho, porque ela não aguenta mais agressão. A mãe dele tirava dinheiro do pai e dava pra outros homens, ela largou tudo e foi embora com outro homem.

Então, ele teve uma criação muito complicada. Ele não era um ciumento, nem possessivo ou controlador quanto às minhas roupas, etc., mas quando se tratava de eu ter minha opinião ou de levantar minha voz, fosse por qualquer motivo, ele se tornava agressivo. Ele era da Igreja Evangélica, estava estudando pra ser pastor e ele começou a levar isso ao pé da letra. Ele falava pra mim: 'Você tem que entender que a mulher é submissa ao homem.'. Ele abria a Bíblia e mostrava: 'Olha, está escrito aqui', e então ele me dizia: 'Você tem que me obedecer.'

Eu procurava viver uma vida tranquila e por isso eu era muito submissa a ele, eu trabalhava em casa. Quando eu fui trabalhar na empresa, comecei a ganhar dinheiro e ele começou a se sentir inferior porque eu pagava as contas no mercado. Então, pra ele não ficar assim na frente dos outros, eu dei o cartão e a senha pra ele. A agressão dele nunca foi por ciúme, ele não desconfiava de mim com outros homens, mas eu tinha sempre que colocar a decisão dele acima da minha sugestão. Ele só teve ciúmes mais tarde e aí ficou mais agressivo. Quando ele chegava bêbado, que era quase todo dia, ele chegava transtornado, com ciúmes, e me batia. Eu fiquei muito tempo com ele dentro de casa depois de pedir separação. Ele procurava um motivo pra ter uma discussão diária porque, com o meu trabalho, ele sentia que estava perdendo o controle sobre mim. Ele via a minha independência, mas eu só pensava em melhorar com ele, comprar uma casa, um carro, montar a oficina dele, tudo com ele. Quando ele me agredia, os parentes dele, que moravam perto, falavam com ele pra ele me valorizar, mas ele saía e achava que eu que pedia pra eles fazerem isso. Nesse período em que ele só me xingava e em que jogou o carro no rio, nós tentamos nos tratar na psicóloga da empresa, mas ele não aceitou, e o meu chefe me dispensou, aí eu perdi o chão, e ele ficou todo convencido. Nessa época começaram as agressões morais e psicológicas. Ele tinha um tipo de agressão na qual ele me dava um soco e eu tentava me acuar e ele parava de bater, ele caía em si. Ele fazia uma coisa só e uma única vez, não tinha sequência de agressões. A agressão verbal era pior do que a física. Ele me botava pra baixo, falando: 'Você não é tão mulher assim.', Você estuda? Pra quê? Burra do jeito que tu é, tu não vai chegar a lugar nenhum' e eu absorvia tudo isso na hora. Ele mexia comigo, eu achava que ele tinha razão. Ele me traia, eu soube, eu vi e, quando eu ia falar com ele disso, ele desconversava e falava pra eu não me meter.

Eu não podia falar nada, eu ficava triste e isolava isso dos meus filhos, eu falava pra eles que o pai deles estava nervoso, sem dinheiro. Ele sempre foi um pai distante dos filhos. 'O dia que você se separar de mim, você vai ter a maior dor da sua vida'. O negócio dele pra mexer comigo, era mexer com os nossos filhos. Ele não batia nos filhos, mas uma vez ele bateu no meu filho só pra me mostrar e me punir, porque ele sabia que aquilo me doía mais do que ele me agredir direto. Eles ficavam sempre calados quando ele chegava em casa, e não acontecia nada. Eu não sinto nada por ele, não sinto raiva, não sinto ódio, não fico lembrando ou falando mal dele, não tenho revolta, acho que o que aconteceu, aconteceu e falo que ainda bem que aconteceu, que é passado. Seu eu estivesse casada hoje, eu não estaria onde estou agora, estou bem. Eu me separei gostando muito dele, mas eu sabia que precisava virar a página. Eu não tinha o direito de ir e vir. Ele falava que eu nunca ia conseguir tirar uma carteira de motorista e que eu nunca ia dirigir com ele ao meu lado, nem no carro dele e, ainda mais, num carro meu. Mas eu tirei a carteira de motorista e comprei meu carro.

Anos depois, já separados, um dia meu carro deu um problema e eu fui procurar ele, mecânico e de confiança, pra ver meu carro e ele entrou no lugar do carona. Ai, quando ele se viu ali ao meu lado, ele me falou: 'Como o mundo dá voltas, mas louvado seja Deus que você não se deixou levar pelas coisas que eu te falei'. A mulher dele não deixava ele ver os nossos filhos, e ele reclamava comigo que nossos filhos não iam visitar ele. Ele não vê meus filhos, mas fica na casa dele com os filhos dele do segundo casamento, que ele já se separou também. Eu sou amiga da ex-mulher do meu namorado. Eu fiquei muito tempo sozinha depois que eu me separei, eu estava muito ferida.

Eu tive um namorado que era agressivo, e eu terminei com ele no dia em que ele deu um soco na parede e me disse que aquele soco era pra ter sido na minha cara. Esse era um agressor pro lado do ciúme. A minha psicóloga me avisou que eu estava procurando o mesmo perfil. Aí eu mudei de vez, eu estava apaixonada por um amigo e, quando soube que ele tava enrolado com um relacionamento dele, eu falei pra ele que não queria ficar me escondendo. Na semana seguinte, ele me procurou e me disse que tinha se separado da mulher dele e nós estamos juntos até hoje. Eu vejo que o meu ex era uma vítima da infância dele e, quando eu engravidei, eu o coloquei numa situação da qual ele não podia fugir. Primeiro ele me disse: 'Dá seu jeito'. Então, eu falei que a mãe dele estava tentando arrumar um jeito de eu ficar na casa deles e eu fui pra lá porque meu pai me disse: 'Filha minha não fica grávida em casa sozinha. Você vai ter que arrumar um jeito de se virar'. Então, eu fui morar com eles e acho que eu virei um peso na vida dele."

Nessa segunda conversa, nós estávamos mais à vontade, e admirei a abertura, a clareza e a coragem dela para expor seus antigos problemas.

As semanas foram se passando e, numa viagem minha para o Rio de Janeiro, me encontrei com uma amiga antiga, Fabiana. Nós não nos encontrávamos havia algum tempo, pois eu raramente descia a Serra de Petrópolis até o Rio. Nesse encontro, falei à Fabiana sobre o meu livro e, para minha surpresa, ela me disse que podia me contar, num outro dia, sobre o seu relacionamento complicado com o ex-marido. Reencontramo-nos outro dia e, sentados à mesa de jantar da casa onde Fabiana trabalha, ela me contou:

"Eu moro na Rocinha faz vinte e seis anos. Eu conheci meu ex-marido lá. Eu vim pra cá sozinha, mas tinha o meu irmão mais velho. Ele estava aqui há três ou quatro anos e veio trabalhar. Ele é muito apegado à família, mandava duas cartas por semana, mas, de repente, ele sumiu. Aí minha mãe me falou: 'Você vai pro Rio de Janeiro atrás dele'. Eu tinha vinte anos de idade. Eu vim e ele estava com uma mulher que tava 'tirando a roupa dele', tudo que ele ganhava era pra ela. Final de semana era a 'farra do boi', ele pagava tudo. Meu irmão conheceu essa menina novinha, se encantou e mandou buscar a família inteira dela em Pernambuco. Montou uma casa e esqueceu dos nossos pais. Eu cheguei, vi tudo aquilo e falei pra ele: 'Tá tudo errado', afastei ele dessa mulher e abri o olho dele: 'Por que você não ajuda quem te ajudou: pai e mãe? Passa a não dar mais nada pra ela, pra você ver.' Quando foi um dia, ele chegou em casa, e ela estava com outro homem.

Eu tirei o meu irmão das farras, da bebida, de certas amizades que não gostavam de mim. Eu comprei briga, e diziam que eu era chata, insuportável. Que eu era crente, mas que um dia ainda iam me ver caída com um copo na mão e um cigarro no dedo. Eu fui morar com o meu irmão e consegui um trabalho pra mim em Del Castilho. Eu dormia lá, cuidava de uma casa e de uma criança de sete anos de idade. A moça falou que eu era uma pessoa muito boa e que eu tinha que arrumar um trabalho com carteira assinada e tudo mais que eu tinha direito, porque ela não podia assinar minha carteira. Aí fui trabalhar na Barra e fiquei lá sete dias, a mulher quase me matou. Não tinha cama, não tinha nada, botava cobertor no chão e eu dormia. Eu não podia comer, não podia abrir geladeira. Só podia comer se achasse alguma coisa em cima da pia, banana estragada e essas coisas assim. Saí de lá e não peguei nem um centavo. Eu desci na portaria e eu não tinha nem noção de como saía da Barra. Perguntei pro porteiro: 'Como é que eu faço pra chegar na Rocinha?', e ele me orientou, mas eu falei pra ele que eu não tinha dinheiro. Aí, ele me falou: 'Eu te dou, mas saí dessa casa aí, senão eles vão te matar' Ele me deu o dinheiro, eu peguei o ônibus, cheguei na Rocinha, mas só que eu também não sabia andar dentro da Rocinha, era muito grande, muito beco e coisa assim. Aí eu fiquei umas quatro horas sentada lá na passarela.

Por ironia do destino, meu irmão foi lá no meu emprego e a patroa falou pra ele que eu tinha sumido. Depois eu encontrei um morador que morava lá no mesmo beco em que eu morava, ele me reconheceu e me levou pra casa. Eu já morava lá fazia um ano, mas até hoje eu não me lembro de como eu cheguei na casa do meu irmão, no primeiro dia. Desci da Rodoviária, aquela loucura toda e fui, com malinha na mão. Era tanto beco, e o medo? Meu irmão foi me pegar na Rodoviária. Foi a primeira vez que vi o pessoal com arma e eu me perguntei: 'O que que eu tô fazendo aqui?'. Eu achava que ia chegar e achar uma casa, mas era um quartinho. Tinha só um copo, um prato e uma colher pra todo mundo. Tinha uma cama, a cama era do meu irmão, mas ele cedeu pro meu primo com a mulher, e eu e ele dormíamos no chão. Se tivessem quatro pessoas lá dentro, tinha que sair alguém. Aí eu comecei a perguntar pra eles: 'Como vocês vivem nesse lugar?'. Meu irmão trabalhava, ganhava bem, ia beber com os amigos e voltava pra casa só pra dormir. Não tinha banheiro, era um prédio que ainda existe até hoje, com vários quartos e um banheiro pra todo mundo. Eu, como sou muito limpa, sofria. Era só eu que lavava e que limpava o banheiro. Tinha um quarto com cinco rapazes, eles só dormiam naquelas camas beliches. Imagina a zona no banheiro. Eu não conhecia o meu ex-marido ainda, e o meu irmão me falou que todos os domingos nós iríamos ligar, de ficha, pra nossa mãe. Nós íamos até Copacabana pra ligar, porque lá tinha um lugar, na cabine da Praça dos Paraíbas. A gente ia todos os domingos. Um dia, nós fomos pra um restaurante em Copacabana, chamado 'Meia Oito Meia', pra encontrar o padrinho do meu irmão, que trabalhava lá. Passamos lá, ele era garçom. Ele falou que ia pedir uma pizza pra mim, foi a primeira vez que comi uma pizza na vida. Eu vim ter a minha primeira calça jeans com vinte e dois anos de idade, o que era o meu sonho. Então veio aquela pizza com azeitona preta, eu fiquei olhando assim, meio desconfiada... Na nossa terra tem uma fruta preta que se chama carnaúba e que a gente comia muito quando estava com fome, aí eu pensei: 'Nossa, vou comer uma pizza com carnaúba'. Eu não sabia cortar, não sabia pegar no garfo e na faca, mas meu primo que estava com a gente disse assim: 'A gente pega com a mão e vai comendo. Vou te mostrar quem é que fez essa pizza pra gente', mas o restaurante tava lotado, ele não pode mostrar e fomos embora.

Um dia, lá na Rocinha, era Carnaval e um amigo que estava com a gente no restaurante chegou com o meu ex-marido e nos apresentou, dizendo que era ele que fazia a pizza. Lembro do meu ex, como se fosse hoje: da camisa branca, jaqueta jeans, todo arrumadão. Aí o meu amigo falou que eu era como uma irmã e que, se ele namorasse comigo, era pra casar. Aí o meu ex falou pra mim: 'Eu vou ser o pai da sua filha'. Ele é mais novo do que eu, ele tem quarenta e quatro anos e eu quarenta e seis anos de agora. Aí, eu falei como a gente fala no Ceará, quando alguém dá uma cantada na gente: 'Deus me livre, tu vai pra lá!'. Se passou um ano, e eu nunca mais vi meu ex.

Eu trabalhava em Del Castilho, de novo, com aquela minha ex-patroa. Um dia, quando eu voltei pra casa, o meu ex estava morando no nosso prédio. Eu nem reconheci ele direito, e ele me lembrou que tinha me falado que ele seria o pai da minha filha. Aí, ele começou a se achegar, e eu falei pro meu irmão: 'Esse rapaz tá querendo namorar comigo', e o meu irmão me disse que ia estudar ele. Depois de quase um ano tentando, o meu ex chegou pro meu irmão e disse que queria namorar comigo, e o meu irmão falou pra ele: 'Pode namorar, mas tem que andar na linha'. Só que, na época, o meu ex já tava namorando três, ele já era 'O Terrível'. Aí eu comecei a namorar com ele, cada um no seu quarto, e depois de uns oito meses, foi no Natal, que eu tive a primeira relação com ele. A minha primeira relação na vida. Na segunda vez, eu engravidei, eu não tomava pílula, eu era idiota, eu não sabia de nada. Eu até comentei antes com ele que queria passar no médico antes de transar, mas ele me falou que ele tinha um problema sério porque ele não fazia filho, mentiu pra mim. Eu achava que a mulher mesmo grávida menstruava. Eu tinha parado de menstruar, mas, pra mim aquilo não dizia nada.

Eu já tava trabalhando numa outra casa, e a nora da minha patroa me perguntou se eu me prevenia e me disse que eu estava grávida. Eu não acreditei, eu não sentia nada. Eu era tão magra, que eu vestia roupa de criança. Ela me levou na médica dela, e nós descobrimos que eu estava com três meses de gravidez. Eu fui contar pro meu ex que eu tava com três meses de grávida, e ele se virou pra mim e me disse: 'Não é meu não! Eu não faço filho'. E eu perguntei pra ele: 'Como assim? Eu só tive relação contigo. É de quem?' Eu fiquei meio desesperada, ninguém sabia, aí eu comentei com o primo do meu ex e ele foi conversar com o meu ex. Eu falei pra ele: 'Eu sou muito mulher pra criar meu filho sozinha'. Eu fui falar com o meu irmão, que me disse que iria assumir o meu filho. Meu irmão via que eu era muito quieta, que trabalhava, ficava em casa, e que o meu ex me observava. Ele saía pra se encontrar com as outras. Num dia, a ficha dele caiu, ele assumiu pro meu irmão que o filho era dele e que iria se casar comigo. Então ele me tirou do quartinho e alugou uma casa toda mobiliada, ele ganhava muito bem como cozinheiro.

A casa era melhor, mas minha vida não foi não. Eu tinha minha geladeira, e todas as outras coisas. Continuei trabalhando e tenho contato até hoje com a minha ex-patroa, Ela me deu tudo pra eu ter a minha filha. Na gravidez, eu engordei mais de vinte quilos. Meu ex me deu a casa, cama, guarda-roupa e tudo, mas nunca me deu atenção ou afeto. Ele chegava em casa, tomava banho, se arrumava e saía. Quando faltava pouco tempo para eu parir, tinha uma festa lá perto de casa, eu não estava me sentindo bem. Então eu pedi pra ele ficar em casa e ele me disse que não tinha nada a ver com aquilo, não. Que era pra eu me virar. Aí um vizinho se ofereceu pra me ajudar, se precisasse, mas não aconteceu nada e não precisou. De fato, dias depois, quando eu fui ganhar a minha filha, eu fui pro Hospital Miguel Couto sozinha, de ônibus. Amanheceu, ele não tava em casa, tinha ido pra farra, eu não tava me sentindo bem, era um domingo. Eu tava com muita dor e, no caminho, encontrei uma vizinha que me falou pra não ir sozinha.

Ela perguntou pelo meu marido e eu menti falando que ele tava trabalhando, mas ele tava na balada. A minha vizinha encontrou minha cunhada e contou que eu tava indo pro hospital. Quando eu cheguei no hospital, a atendente da maternidade me disse que eu tava em trabalho de parto e que eu precisava de um acompanhante responsável. Eu respondi que eu não tinha ninguém pra me acompanhar. Por sorte, a minha cunhada tinha ido atrás de mim e estava na porta do hospital. Eu entrei às oito horas da manhã e tive minha filha às duas e quarenta da tarde. Quando meu ex chegou em casa, avisaram que eu estava no hospital, mas quando ele chegou lá no hospital, não deixaram ele entrar. Falaram que o pai já estava lá dentro comigo, porque meu irmão tinha se apresentado como pai da criança pra poder entrar. Eu fiquei cinco dias no Miguel Couto. Minha filha nasceu já quase morrendo, tinha passado da hora, não tinha mais líquido, e ela foi arrancada a ferro, na força mesmo, tinha marca na testa dela. Ela ficou na incubadora. Eu só consegui ver minha filha no quarto dia, e a médica me falou que eu ia passar praticamente o resto da minha vida dentro de um hospital e que, se minha filha conseguisse sobreviver, ela ia ser muito doente. Eu falei pra médica que isso não ia acontecer porque eu tinha muita fé em Deus, e que Nossa Senhora de Nazaré ia fazer eu levar ela pra casa. No dia seguinte, me liberaram com ela. Amamentei ela até os sete anos de idade. Minha filha hoje está ótima e maravilhosa. Meu ex registrou a filha, mas não assumia mais a casa. A vida dele tava mais de solteiro do que nunca, na rua sempre, bêbado, pegando gente, sempre com cheiro de mulher. Quando eu percebi que ele tava saindo com outras mulheres, eu exigi que ele usasse camisinha. Eu passei dois meses com a minha mãe no Ceará e, quando eu voltei com a minha filha toda linda, com quatro meses de idade, uma vizinha me falou: 'Você sabia que eu vi o seu marido com outra mulher? Se eu fosse você, eu deixava ele'. Eu achava que ela estava inventando, eu não queria enxergar. Ele chegava do trabalho e me falava: 'Passa minha camisa aí que eu tô saindo' e eu tinha que passar. Ele se arrumava todinho, se perfumava, batia a porta, e eu ficava com a nossa filha. Às vezes ele chegava de manhã, e outras vezes, da farra mesmo ele ia direto trabalhar. Ele botava o básico em casa, mas se eu pedisse dois reais, ele me perguntava pra que eu queria dois reais se tinha feijão e arroz pra gente comer. Mas se aparecesse uma visita, ele botava tudo, uma fartura. Eu pedia pra ele comprar um shampoo, e ele me dizia que tinha sabão na casa. Eu fiquei três anos assim. Eu achava que era normal, que se eu tinha casado com ele, eu tinha que ficar com ele. Ele não me deixava trabalhar, minha filha tinha três anos e ele não deixava eu colocar ela na creche. A ideia dele era que eu não podia trabalhar porque eu tinha que depender dele. Aí, eu consegui uma creche ao lado da minha casa e arrumei um emprego. Fiquei quatro anos no novo trabalho. Comecei a comprar minhas coisas. Ele não queira que eu trabalhasse porque assim eu ia poder me arrumar, andar por aí e me mostrar pros homens. Ele dizia: 'Mulher é assim, quando está dentro de casa é uma coisa, quando começa a trabalhar, é outra coisa.'. Eu comecei a ganhar cesta básica da minha patroa e descobri que ele tava namorando uma mulher fazia oito meses. Um dia, voltando do meu trabalho, quando eu passei perto de um bar, uma menina soltou uma piadinha. Eu tava desconfiada, mas eu não falei nada com ninguém. Um dia, eu encontrei uma vizinha no ponto de ônibus, que me falou que a gente trabalhava muito, mas que a sorte dela era que ela tinha uma amiga que morava junto com ela, porque ela tinha um namorado que bancava o aluguel delas e tudo. Aí eu falei pra ela: 'Eu não tive essa sorte, eu tenho que ralar muito, criar uma filha'. Nessa época, eu comecei a sentir falta de coisas no meu armário da cozinha. Era coisas que ele dava pra ela.

A minha amiga me disse que ele vivia na Ilha dos Pescadores com ela, que ela sabia que ele era casado e, pior, que ele tinha uma filha e que apresentava a amiga dela como a esposa dele. Ele falou que só vivia com a mulher dele, porque ela tinha problema de saúde, vivia em cima de uma cama e que dependia dele. Aí eu comecei a encontrar mais essa minha amiga e, num dia elas estavam juntas, eu desconfiei e perguntei pra ela sobre a amiga dela e ela me contou que o namorado dela tinha o nome do meu ex, e que o nome da filha dele era o mesmo da minha filha.

Eu vi que era aquela menina do bar mesmo, a que tinha jogado a piadinha. Eu pedi pra num dia ir na casa da minha amiga porque, na época, o meu ex já estava dormindo fora. Quando ele não apareceu pra dormir, eu fui lá. Naquela noite ia ter um forró, eu pedi pra ele me levar, mas ele falou que ia trabalhar de dia e de noite e não me levou e também não voltou pra casa. Quando eram umas quatro horas da manhã, acordei minha filha, coloquei no colo, fui lá, e a primeira coisa que eu vi foi o tênis dele na porta, mas eu me virei e fui embora. Eu só queria ter certeza. Quando ele chegou em casa no outro dia, cansado, morto de sono, com fome e as roupas dele todas impecáveis, porque eu nunca deixei de cuidar delas, eu perguntei pra ele: 'Você foi no forró ontem?' e ele me respondeu: 'Não, eu trabalhei, dormi até no trabalho'. Aí teve outro forró, e eu pedi de novo pra ele me levar, mas ele me disse que eu só pedia pra ele quando ele tinha que dobrar no trabalho, e não me levou. Mas meu irmão e a minha cunhada iam pro forró e me chamaram. A mulher do meu primo ficou com a minha filha e fomos pra lá. Era da Banda Calipso. Quando eu estava voltando, subindo a Rocinha a pé, devagarinho e conversando, perto de casa tinha outro forró: o Cabaré do Barata. Eu olhei pra porta do forró e vi o meu ex e a mulher entrando. Eu parei e fui lá.

O segurança me conhecia e fez que ia avisar ele, mas me deixou entrar. Quando eu entrei, ele tava dançando com ela. Na época, eu era magrinha e ela tinha uns cento e vinte quilos. Era gorda, tinha uma cicatriz... eu ainda vejo ela, ela morre de medo de mim. Eles tavam dançando uma música do Raça Negra e se beijando tipo 'desentupidor de pia'. Eu cheguei com um vestidinho preto, toda arrumada, com a cabelão bem cacheado, toda bonitinha e bati nas costas dele. Ele se virou e me falou: 'Não é o que você está pensando'. Aí, eu falei: 'Você não sabe o que que eu tô pensando.'.

A mulher se virou pra ele e perguntou: 'Quem é a piranha?'. Eu falei pra ela: 'Eu não te conheço, não sei quem você é, não quero saber e tenho raiva de quem sabe. Se tem piranha aqui, que eu saiba é você, porque eu sou a mãe da filha dele'. Aí eu me virei pra ele e falei: 'A partir de hoje, simplesmente, eu não sou mais tua mulher'. Eu saí, fui embora, e ele não voltou pra casa. Minha filha já tinha uns sete anos de idade. Eu mostrei pra ela quem era a tal mulher e pedi pra ela ter cuidado, porque ela namorava o pai dela. Ele ainda ficou com ela muito tempo e ele ainda pegava a minha vizinha, duas casas ao meu lado, também. Eu peguei ele com a vizinha no Natal, e ele me disse que era aquilo mesmo que eu tava pensando e disse mais: 'Tu tem que ficar aí mesmo, porque ninguém vai te querer não. Só eu mesmo, porque eu tenho pena de tu, porque tu é muito feia. Tu já se olhou no espelho hoje? Não olha não porque senão tu vai quebrar o espelho'. Aí, ele ficou muito tempo com essa menina ainda, ele ia pra praia, comia peixe, tomava cerveja e a conta ia lá pra casa. O barraqueiro da praia chegava pra me cobrar, e eu pagava. A minha filha ia pra praia e me dizia que o pai tava lá com aquela mulher que eu tinha mostrado pra ela, mas que ele fazia de conta que nem conhecia ela. Eu não tomava uma atitude e o tempo foi passando. Mas um dia eu falei pra ele que não tolerava mais aquela mulher, que eu tava de saco cheio, e que era pra ele pegar as coisas dele e ir embora de vez. Ele me respondeu: 'Eu não dependo de tu não. Eu tô aqui porque você lava minhas cuecas muito bem'. Aí, ele começou a beber e a beber e me ameaçou uma vez, ele levantou a mão pra mim. Ele me procurava pra transar, mas eu congelava, eu não queria e ele me falava: 'Tu é uma geladeira, tu é pior do que um freezer, sua idiota'. Nessa época, ele bebia muito, mas nunca faltou ao trabalho por causa disso. Eu ia levar a minha filha num curso de informática em Copacabana, mas a minha vida era um inferno. Eu fui casada vinte e um anos com ele, e só um ano foi vida de casada mesmo, quando nossa filha nasceu. Eu moro até hoje na mesma casa.

Quando eu descobri o caso dele, ele sentou comigo e disse que ia deixar ela porque eu não merecia passar por aquilo. Ele tentou mesmo se afastar dela, mas ele me dizia que ela não deixava ele em paz, perseguia ele. Eu vi que ele tava fugindo dela, porque ele começou a voltar mais pra casa, mas eu tinha o pé atrás, só passava coisa do tipo: 'Ele fica com uma, com outra e depois quer voltar'. Ele tentava ficar comigo, mas eu dava um gelo total. Num dia, era domingo, eu tava tomando banho, ele tava tentando deixar ela, eram três e meia da tarde e a minha filha chegou e me disse: 'Tu nem sabe quem tá lá na porta, a piranha do meu pai'. Ela tinha ido lá em casa pra me ameaçar. Eu me enrolei na toalha, e ela estava no meu portão, sorriu e falou pra mim: 'Piranha, eu vim só falar pra tu deixar o meu marido em paz, porque quem vai morar nessa casa ai sou eu, tu arruma suas coisinhas e sai'. Eu pulei o portão, dei um soco na cara dela e falei pra ela: 'Vou te mostrar quem é piranha'. Nessa hora, tinha o vizinho de cima, meu amigo, que é metido a bandido. Quando ele viu a cena, ele pulou do muro dele pra minha porta e me perguntou: 'Dona Fabiana, o que está acontecendo?' e eu respondi: 'Essa piranha que veio encher meu saco aqui na minha casa'. Ele pegou o rádio e, em menos de quinze minutos, tinha 30 bandidos na minha porta, e ela segurada por ele. Ela estava com uma saia jeans muito curta. Os caras chegaram, e tinha um que era o chefe e perguntou pro meu vizinho o que que estava acontecendo. ,Ele respondeu: 'Olha, desde que eu moro aqui, nunca ouvi ninguém falar da minha vizinha assim não. Ela é uma dona de casa trabalhadora, cuida da filha. Aqui no nosso beco ela é conhecida como Dona Fabiana'. Aí o chefe me perguntou assim: 'Já peguei a visão das coisas. O que a senhora quer que eu faça com ela?', e eu respondi: 'Eu só quero que ela não me perturbe, nem a mim, nem a minha filha. Que ela viva a vida dela, mas que ela me esqueça. Não quero que ela nem olhe pra minha filha'. Então ele se virou pra ela e disse na cara dela: 'Tu tá ouvindo? Quando a Dona Fabiana estiver na calçada, se tu vim aqui e der de frente com ela, tu sai da calçada, que quem vai passar é ela. Se a Dona Fabiana estiver num ônibus, você entrar e der de cara com ela, tu desce. Eu vou te vigiar e tu bota o teu joelho no chão, porque tu só não vai morrer porque a Dona Fabiana tem coração, mas nós não temos coração não. Eu podia te levar lá pra cima agora, te enterrar viva e antes arrancar suas unhas uma por uma', ela começou a chorar e eu falei pra ele: 'Não faça isso não, isso aí eu só entrego na mão de Deus'. Ela olhou pra mim como se estivesse me agradecendo, e ele falou pra ela: 'Sobe pra tua casa e não olha nem pra trás, porque se tu olhar pra trás, eu dou um tiro no meio da tua cara'.

Uns três dias depois, eu encontrei aquela amiga minha e dela, e falei: 'Você sabia quem a sua amiga está namorando? O meu marido.' E ela me respondeu: 'Eu sabia que ele era seu marido, mas eu gosto tanto de você, que eu também não queria me envolver na história. Eu soube que ela foi na sua casa, e os caras botaram ela pra correr. Ela tá morrendo de medo da senhora, porque ela não sabia que a senhora era tão poderosa e conhecia tanto bandido aqui no morro' e eu emendei: 'Pois é, e avisa pra ela não mexer comigo não, que ela tá mexendo com a pessoa errada'.

Outro dia, eu entrei no ônibus e ela desceu na mesma hora, ela achava que estava sendo vigiada, mas ela não tava, eles só ameaçam e meteram terror. Há dois meses atrás, eu fui no açougue e ela estava lá fazendo compras. Eu entrei e dei bom dia geral, quando falaram: 'Bom dia, Dona Fabiana!", ela se virou, me viu e sumiu. O vendedor voltou com a carne pesada e me perguntou: "Ué! Cadê a moça?' e eu respondi: 'Sei lá, tava aqui e saiu', e ele: 'Ué! Mas ela acabou de pedir a carne, Dona Fabiana!', e eu falei rindo: 'É cada doido, né?' Eu sempre morei na mesma casa que ele, mas nunca casei no papel com ele. Eu dormia na minha cama, mas quando ele chegava, eu saia porque ele não deixava eu dormir. Ele ficava na cama e ainda, tipo, zombava da minha cara, falando: 'Tu tem que vazar mesmo, sair do quarto mesmo'. Ele sempre me botou pra baixo, ele achava que eu só falava e não tinha coragem. Eu sempre ameaçava que um dia eu ainda ia deixar ele, e ele me dizia: 'Quem fala demais, não faz!'. Ele começou a sair muito e muito e num dia, eu e as meninas, eu já tinha pegado a filha da minha irmã pra criar, encontramos um amigo dele lá em Copacabana, jogando futebol no final do dia. O rapaz se virou pra mim e me perguntou: 'Você é a mulher dele?', e eu respondi: 'Não sei se eu ainda sou', e ele me disse: 'Não acredito, não! Todo mundo respeita ele, mas eu não acredito. Ele sai com um mulher aí, meu Deus do céu, você é uma princesa! Como é que pode uma coisa dessas? Ele falou que vivia com a senhora porque a senhora era doente e dependia dele pra cuidar. A senhora é digna de se botar um tapete para passar' aí e eu percebi que ele só apresentava ela, a mesma de sempre, como a esposa dele.

Ela que foi a gota d'água de tudo. Aí ele começou a sair sempre e, quando chegava em casa e nós estávamos com a televisão ligada, ele falava: 'Não quero a televisão ligada', e desligava. Minha filha falava pra ele: 'Pai, mas a gente tá vendo a novela' e ele: 'Não tô perguntando. Quem manda aqui sou eu'. Às vezes, eu ficava calada, ninguém falava nada e cada um procurava um canto e ia se deitar, ninguém falava nada. Chegava no outro dia, ele deitadão lá, porque ele chegava antes do que eu em casa, me esperando chegar do trabalho pra eu fazer a janta, e quando eu terminava, ele falava: 'Isso aqui é comida de porco, não sei o quê!' e ele pegava as panelas, jogava debaixo da torneira, enchia tudo de água e ninguém comia nada. Meu fogão sempre foi muito limpo, impecável. Ele ria, pegava óleo ou café e sujava tudo no fogão, na pia, no chão, e a minha filha falava pra eu não limpar. Isso ocorreu por vários anos. Ele falava mal do meu cabelo e falava pra eu raspar minha cabeça. A gente já sabia quando ele vinha bêbado pela aquela pancada que dava no portão e dava no nosso coração. A gente já sabia que naquela noite a gente não ia dormir, e as meninas já mudavam os rosto. Ele ficava com a chave rodando no dedo, pra eu me levantar e abrir a porta pra ele. Aí eu abria a porta, deixava ele entrar, saía, e ele falava: 'Volta e fecha, quem abriu tem que fechar'.

Nesse dia, ele desligou a televisão e eu religuei, então ele se virou pra mim com a mão fechada e os dentes cerrados, eu e as minhas filhas estávamos sentadas, eu me levantei e falei: 'Bate! Mas você bata e me deixa no chão, porque se eu me levantar, a história vai ser diferente'. Ele me perguntou: 'Você tá me ameaçando?' Minha filha mais velha, então, se virou pra ele e disse: 'Se você encostar um dedo na minha mãe, eu vou te denunciar'. Na verdade, ele teria me batido se eu não tivesse me levantado e encarado ele. Ele não batia na outra não, ele fazia tudo que ela queria. Ele falava pra mim: 'Sabe por que que eu tô com ela? É porque ela fode gostoso'. Ele chegava todo mordido e roxo. Eu dormindo, acendia a luz e me falava: 'Olha aqui, tá vendo, isso aqui é porque eu tava com mulher, paguei mulher pra ficar comigo. Tu pode é jogar dinheiro pro alto que ninguém te quer não, já te falei que você é ridícula'. Ele ficava esfregando a mão no meu rosto, e eu ia dormir com a minha filha.

Eu fiz a festa de quinze anos da nossa filha, e ele não me deu nenhum real, eu gastei sete mil reais e ele levou um monte de gente e falou assim pros amigos: 'Eu banquei tudo!'. O tempo foi passando e, quando eu vi que a minha filha já estava encarando, não respeitando mais o pai e discutindo com ele, eu realizei que tava tudo errado e eu é que tinha que acordar. Aí, ele passou seis dias fora de casa. O problema era comigo, eu tinha pena, eu achava que ele ia mudar. Minha filha me falou: 'Se meu pai voltar e a senhora aceitar, quem vai sair de casa sou eu'. Depois do sexto dia, quando eu tava saindo pra trabalhar, ele tava chegando na porta, com cara de quem tava virado e, como de hábito, zombando da minha cara. Ele me falou: 'E aí! Qual é? Qual é a boa? Conta a boa pra mim'. Eu respondi: 'A boa é que eu tô indo trabalhar e quando eu voltar não quero achar nem o cheiro do seu perfume aqui dentro. Eu só tô te dando um recado: eu tô indo trabalhar e, quando eu voltar, não quero achar nem o cheiro do seu perfume e você nem duvide de mim e pague pra ver'.

Eu fui trabalhar e depois de um tempo, minha filha me ligou e me disse que o pai dela tinha tirado tudo dele de dentro de casa. Ele foi e não voltou mais comigo, mas vivia lá em casa, perturbando, pedindo pra voltar. Ele alugou um quarto perto, e eu nunca impedi ele de ver as meninas. Ele nunca mais voltou pra morar comigo. Ah, lembrei que, quando eu voltei do Ceará e a minha filha tinha só quatro meses, eu não queria nada com ele, e ele me forçou a ter relações. Nesse dia, era noite de Natal, eu tive um sangramento muito grande e fui parar no Hospital Miguel Couto de novo por causa da violência da relação. Ele foi de uma estupidez total e perfurou meu útero. Ele chamou minha irmã na rua e eu fui carregada pro carro nos braços. Não tinha como andar, era muito sangue, mesmo enrolada nos lençóis, era muito sangue. Eu cheguei no hospital lavada de sangue, eu me sentia estuprada. Na verdade, eu me senti estuprada por mais de quinze anos, porque sempre foi forçado. Eu nunca tive vontade, tipo assim: 'Hoje eu estou a fim do meu marido', eu fingia pra me livrar daquilo. A moça do hospital percebeu e me perguntou: 'Você quer ir pra delegacia? Você foi violentada?' aí eu respondi: 'Não, esquece'. Ela continuou: 'Você foi violentada, sim. Você teve relação com seu marido na força? Se você não quiser ir na delegacia, a gente chama alguém aqui', mas eu não quis.

Eu tomei injeção pra parar o sangramento, ela me proibiu de ter relações e passei a noite no hospital. Eu adorei a recomendação dela e, durante três meses, eu usei essa desculpa pra não ter relações com ele. Eu dormia de calça, dizia que tava com frio, e ele me pedia ou forçava outras coisas, me dizendo: "Eu que vivo contigo, então, eu que tenho que pedir e você que tem que fazer tudo o que eu quero, eu sou seu marido". Ele forçava, me puxando pela cabeça pra eu chupar ele, mas eu não queria e falava pra ele que ia gritar e chamar a nossa filha. Por isso, eu nunca deixei a nossa filha dormir na casa de ninguém, ela era a minha salvação. Mas muitas vezes ele me pegava pelo meu cabelo e queria que eu ficasse de quatro pra ele, e eu nunca quis, mas aí, ele não me deixava dormir a noite toda falando: 'Tu não vai me dar não, então também tu não vai dormir'. Ele fazia de propósito, quando eu estava cochilando, ele me falava: 'Eu não mandei tu dormir.' Ele me obrigava a ficar a noite em claro, mas eu não cedia. Ele falava que ia pra rua procurar outra, e eu falava pra ele ir. Eu adorava quando ele estava na rua. Ele só ia lá em casa quando as meninas estavam, mas num dia desses, tens uns quatro meses, antes do Natal, ele me encontrou sozinha em casa. Ele foi pedir pra eu voltar pra ele e me disse: 'Até que enfim te peguei sozinha em casa, vamos tentar de novo, me dá mais uma chance.' e eu respondi: 'Eu te dei vinte e um anos de chance e você não quis. Tu acha que tu mudou? Agora vai viver sua vida, arruma uma pessoa que te dê valor, você é uma pessoa legal. Para de beber'. Eu passei o Natal lá na casa dele. Eu, as meninas e a família dele. Ele fez quarenta e quatro anos de idade agora. Quando eu casei, eu tinha vinte anos e ele dezoito anos de idade. Eu me apeguei a ele porque, quando eu cheguei aqui, eu sofri muito, e ele me escutava muito. Ele era superbacana antes de namorar comigo. Eu ficava pensando em voltar pro Ceará e ele levantava meu astral, com aquele sorriso bonito. Ele me chamava pra jantar num bar perto, e o dono do bar falava pra ele: 'Isso vai dar casamento, isso não é qualquer mulher não. Você tá achando que ela é qualquer mulher? Isso aí não é não! Isso aí é pra colocar anelzinho no dedo dela, isso aí é pra você respeitar'. Eu tinha muita vontade de ir a um show, eu nunca tinha estado num show na minha vida e tinha um show do 'Raça Negra' na Lagoa. Era o meu sonho ver um show do 'Raça Negra'. Ele perguntou se eu queria que ele me levasse, e eu fiquei com medo, mas meu irmão falou pra eu ir. Aceitei, mas, quando eu vi a multidão de gente, eu pedi pra ele me levar de volta, fiquei apavorada, achando que eu ia me perder e voltamos antes do show começar. Ele me respeitava, no meu aniversário, me dava presente, ele queria me conquistar, eu era virgem e ele falava: 'Com todo respeito, tu é mulher pra casar'. Depois que casou, eu era a mulher feia, mulher acabada, mulher ridícula, mulher freezer, era tudo de ruim. Num dia, o primo dele me viu lá no forró, eu tava com três meses grávida da minha filha, e o meu ex tava lá no forró com outra menina, na minha frente. Eu estava triste, séria, e o primo dele me falou: 'Você tá triste, séria eu não gosto não. Você terminou com ele? Você viu que ele tá namorando ali?', e eu falei pra ele: 'Eu tô vendo, eu tô grávida e ele não quer assumir'. A gente conversa até hoje, mas eu não me vejo voltando pra ele nunca mais na vida e, quando ele morava lá em casa, ele não ajudava nada, mas hoje em dia ele ajuda muito. Antigamente, quando ele morava lá em casa, eu pagava tudo. Ele podia curtir a farra dele à vontade, porque ele não comprava nada pra casa, mas agora ele, mesmo gostando de farra, e mesmo achando o mercado supercaro, ele compra e eu falo pra ele: 'Lógico, você não sabia porque quem comprava era eu'. Ele está muito bem hoje, ele já comprou duas casas no Ceará. Ele comprou uma casa aqui no Rio também, ele está sabendo administrar o dinheiro dele. Ele quer fazer um restaurante lá no Ceará. A irmã dele me disse que ele é arrependido de tudo que ele fez comigo. Ele diz que ele era um maluco na época que tava comigo. Eu tinha pena dele. No começo eu gostei dele. Eu tava perdida nesse mundo e ele me acalmava. Ele me deu dinheiro pra eu tirar a nossa filha. Eu peguei o dinheiro e gastei no que eu estava precisando. Ele tem um filho de antes da nossa filha, que ele nem sabe onde está. Todo mundo da minha família gosta dele, e a minha filha me fala até hoje: 'Mãe, você e meu pai só vivem de fingimento'. Minha filha que me fez acordar e me pergunta: 'Por que você não se separou antes?'. Minha casa é uma paz hoje em dia. Eu falei pra meu namorado novo, com quem eu ainda não tive relações, que eu tenho muita dificuldade de me aproximar de outro homem. Se não fosse pela minha filha, talvez eu estivesse com o meu ex até hoje. Foram vinte anos só ouvindo coisas horríveis. Eu nunca discuti com ele na frente da nossa filha, eu falava pra ela que ela tinha que respeitar o pai dela. Eu nunca fui uma mulher de ficar discutindo, eu falava pra ela: 'É teu pai, ou bêbado ou não; ou chato ou não, ele é teu pai', e ela me perguntava: 'Por que você não arrumou outro pai pra mim?', e eu respondia: 'Não é assim não, não é assim que as coisas funcionam. Quando eu conheci seu pai ele não bebia'. Quando eu conheci ele, ele não bebia, vinha pra casa certinho e sempre trazia coisas pra casa, mas aí ele conheceu uns amigos que falavam que ele tinha medo da mulher dele e desafiavam ele. Uma vez, eu perguntei pra ele: 'Se botarem tua família, os amigos e a bebida, você vai escolher quem?' e ele me respondeu: 'Que pergunta idiota, é claro que eu vou preferir os meus amigos e a bebida'. Eu passava nos bares e ele cercado de mulheres, ele fingia que nem me conhecia. Uma vez eu fiz uma vergonha pra ele: ele tava bebendo com umas oito mulheres, e eu pedi pra ele me pagar um refrigerante, e ele me disse: 'Tô querendo é que tu pague uma cerveja pra mim, que eu tô bebendo fiado', zombando da minha cara, e aí eu me virei pro cara do bar e pedi uma cerveja pra ele e falei pra ele que tava paga, porque eu tinha dinheiro, e fui embora. Ele depois se virou pra mim e disse: 'Tu quase me matou de vergonha. Tu não vale nada mesmo, tu tem que ser puta mesmo, porque puta apanha, tu tem que apanhar mesmo'. Agora ele fala que não tem outra mulher igual a mim."

Essa longa conversa foi a que mais me marcou, pelo tempo de submissão e entrega da minha amiga à uma relação tão doentia e machista com o seu ex-marido. Eu pouco interrompi o depoimento da Fabiana, estava imobilizado, completamente emocionado, embora não estivesse chocado com toda a história, pois eu tinha aprendido bem o que era ter uma vida discreta e calada quanto aos problemas mais íntimos. Eu também refleti sobre o fato da Marilene, da Lúcia e da Fabiana ainda manterem algum relacionamento com seus ex-agressores. Ao final, trocamos um beijo carinhoso, e eu saí com o coração apertado, mas feliz pela volta por cima que minha amiga tinha dado.

Para terminar minhas conversas com as vítimas, encontrei novamente a Lúcia na casa dos meus amigos e ela me contou mais sobre a sua relação com seu ex-marido.

"Eu tive que ser muito sábia pra lidar com a relação do meu atual marido com o meu ex, porque eu tenho dois filhos. Ele não tentou me matar porque eu sempre fui muita dura com ele, hoje eu olho ele por cima. Ontem mesmo, eu liguei pra ele e disse: "Oi, tudo bem? Domingo, eu vou sair com o Miguel, e você vai ficar com as crianças. Eu também trabalho e não vou pagar babá pra ficar com eles. Você é pai e você vai ficar com eles", ele me perguntou se ele podia ficar na minha casa com os nossos filhos, e eu respondi que era tranquilo e que ele podia ficar sim, porque eu não tinha hora pra chegar. Seu eu baixar a cabeça, ele cresce. Ele sabe que ele não pode chegar aqui em casa bêbado.

Se eu deixasse ele se afundar mais depois da nossa separação e isolasse as crianças dele, eu correria um sério risco de vida. Eu afastar ele dos nossos filhos e arrumar uma confusão pra vida dele ia afundar ele mais ainda. Eu estou do lado dele, e a gente incentiva ele a arrumar uma outra pessoa pra ele ver que ele não precisa ficar sozinho. Imagina, se eu, que estava há 11 anos casada com ele com problema de alcoolismo, deixo ele se afundar cada dia mais e afasto ele dos filhos. O juiz me deu o direito total, mas eu sempre permiti que eles se vissem. A guarda é toda minha, ele só tem que pagar pensão. Eu deixo meu filho ficar direto com ele, porque ele cuida bem dele. Eu sempre provei pra ele que eu me separei dele, mas que eu confio nele. Se eu não ajudasse ele, seria o maior risco pra mim. Eu acho que se eu tivesse denunciado ele na delegacia, na Lei Maria da Penha, eu podia ter corrido mais risco ainda. Ele ia achar que já estava na merda mesmo, então dane-se.

As mulheres têm que denunciar e ficar quietas ou se afastar, e acabou. Tem mulheres que apanham e apanham, não denunciam e ficam na mesma situação. Mas eu acho que se o cara bateu nela, ela tem que se impor e dizer: 'A partir de hoje, você não me bota mais a mão' e vai viver a vida dela longe. Se ele tá nesse bar, você passa pro do outro lado. Eu tenho uma amiga que conheceu um rapaz separado, e ele vivia a vida dele. Eles se apaixonaram e a ex-mulher dele fez um inferno da vida dele. Começou a perseguir ele, foi na polícia e denunciou ele, fez um monte de coisa horrível só pra prejudicar ele. Eu conheço homem que batia na primeira mulher, mas com a segunda vive super bem porque ela corrigiu o erro dele. Tem mulher que faz o homem de tapete. Quando eu me separei, e ele começou a namorar outra, eu fiquei nervosa, com um pouco de ciúmes, queria ver se ela era mais bonita do que eu, essas comparações. Muita gente acha que eu sou maluca de ainda me relacionar com o meu ex, mas é melhor ter ele por perto do que ter ele longe, porque aí eu sei o que está passando. Eu não tenho raiva do meu ex e, se ele ficasse doente, eu cuidaria dele. O Miguel, meu atual marido, é muito confiante, ele confia em si próprio e em mim. Às vezes, eu cobro que meu atual tenha mais ciúmes de mim, mas ele não tem. Eu posso sair de short curto que ele não tá nem aí, parece até que ele não liga. Eu vigio ele, tenho as senhas de tudo, verifico o celular dele. Eu tenho ciúme dele, mas não doentio. Ele sabe que eu fiscalizo ele. Uma vez, eu estava com o telefone dele, entrou uma mensagem de uma mulher morena e linda pra ele, e eu respondi: 'Oi!' e ela: 'Tudo bem? Saudades de você, como você tá?', eu copiei a foto dela pro meu celular e mostrei pra ele, perguntando: 'Você conhece essa mulher aqui?' e ele respondeu: 'Conheço sim, é a irmã mais nova do meu pai'. Depois, eu confessei pra ele o que tinha feito. Numa outra situação, uma menina nova ficou mandando mensagens pra ele, porque ela queria ficar com o irmão dele, e eles ficavam trocando um monte de mensagens. Eu copiei o contato dela e, quando eu percebia que ele estava de conversinha com ela no celular dele, eu enviava uma mensagem pra ela e perguntava: 'Oi, querida, você tá de papo com o meu marido, né?'. Teve um dia que ela postou que estava se sentindo feliz num bar conhecido nosso, e eu chamei o Miguel pra ir naquele bar. Me arrumei linda e maravilhosa e fomos, cumprimentamos ela, que estava ao lado da mãe dela, e eu perguntei alto: 'Você que é a menina que fica conversando com o Miguel até tarde no telefone, né?', ela respondeu, meio sem graça: 'Mas é porque eu gosto do irmão dele.' e eu emendei, dando o recado: 'Então você tem que ligar é pro irmão dele'. Nunca mais eles ficaram trocando mensagens."

A conversa foi tranquila e, às vezes, até engraçada, mas eu comecei a me perguntar se Lúcia não percebia que também era possessiva e ciumenta além do que ela considerava "normal". Eu admirava a sua energia, mas me questionava quanto a essa relação tão próxima com seu ex-marido e agressor. Seria possível que o ex-marido dela aceitasse tão bem essa nova relação sua? Não lhe passaria pela cabeça que, se ele fora tão violento no passado, poderia ser novamente? Será que um homem que foi capaz de agredi-la daquela maneira tinha se corrigido tanto a ponto de aceitar as ordens de Lúcia sem pensar?

Depois dessa última conversa com as vítimas, eu considerei que tinha material suficiente para começar esse livro. Faltavam apenas os encontros com os agressores e o acesso ao processo do caso da Provisória.

XII. Grupo de Agressores

A prima da minha mulher conseguiu agendar uma reunião com a Dr.ª Márcia Miranda, psicóloga e organizadora dos encontros com os agressores no Fórum de Três Rios, que é uma cidade próxima a Petrópolis. A conversa foi esclarecedora sobre os procedimentos dos encontros, e a psicóloga me encaminhou no mesmo dia para uma reunião com a juíza do Juizado Especial Adjunto Criminal e Violência Contra a Mulher, Dr.ª Ellen de Freitas Barbosa. Expliquei o teor do meu livro e, depois de uma breve conversa, a juíza me convidou para participar dos encontros com os agressores, que começava naquela semana. Os encontros ocorriam nas segundas-feiras, às seis horas da tarde, com aproximadamente 12 homens, numa sala de audiência do Fórum de Três Rios, e deles participavam regularmente a Dr.ª Marcia e seu assistente; a dupla de PMs do "Guardiões da Vida"; um policial do Fórum; eu, como convidado especial, e o palestrante que abordava o tema do dia. Os encontros seguiam o "Cronograma Grupo Reflexivo de Gênero – Autor".

1- INICIAÇÃO DE GRUPO REFLEXIVO: depoimento de participante de grupo anterior
2- ABERTURA: Lei Maria da Penha
3- CONFLITOS EM FAMÍLIA
4- EMOÇÕES: ciúme/traição/consequências
5- CICLO DA VIOLÊNCIA
6- SEXUALIDADE: diferença de gênero/machismo
7- ÁLCOOL/DROGAS - consequências, tratamento
8- VIOLÊNCIA FAMILIAR -feminicídio
9- RESILIÊNCIA/SUPERAÇÃO - ENCERRAMENTO

Os encontros eram mais didáticos do que propriamente reflexivos ou interativos. Os atendentes se limitavam mais a escutar os palestrantes do que a interagir com eles ou com a psicóloga do grupo. Entretanto, alguns mais indignados por terem sido colocados ali, ou que talvez realmente não merecessem ali estar, aproveitavam para explicar seus casos, tentando também se defender. Na verdade, todos os participantes do grupo ainda estavam sujeitos às medidas protetivas e ainda se encontravam em fases anteriores à audiência de instrução e ao julgamento, quando teriam o direito de se defender, acompanhados de seus advogados ou da defensoria pública.

Conversando com alguns deles, eu verifiquei que todas as reuniões eram proveitosas pelos ensinamentos que passavam, mesmo para aqueles que não tivessem cometido algum tipo de agressão física contra as denunciantes. Naturalmente, aqueles que tinham praticado atos de violência não se dispunham muito a falar comigo – um convidado da juíza –, e eles ainda estavam no início de seus julgamentos. Eu consegui conversar com alguns dos participantes que se achavam injustiçados.

No evento que esclareceu detalhes sobre a Lei Maria da Penha, ficou claro que a lei apenas protege as mulheres vítimas de violência doméstica, no âmbito familiar ou em relações íntimas de afeto. Um primeiro participante do grupo relatou que a mulher queria se separar, mas ficar morando na casa deles e, por isso, inventou uma ameaça para entrar com o pedido de medida protetiva., Ele estava ali por esse motivo. A psicóloga e a palestrante reconheceram que casos assim também acontecem, e que, durante o processo, a vítima terá oportunidade de apresentar suas provas, e o acusado, de se defender. Elas ressaltaram, porém, que os casos de falsas denúncias são uma minoria, embora possam acontecer em qualquer acusação penal. Entretanto, afirmaram que os benefícios das medidas protetivas são muito superiores aos malefícios das poucas falsas denúncias que são posteriormente comprovadas. Elas realçaram também que mesmo que alguns deles fossem considerados inocentes depois, os encontros tinham uma função educativa para a sociedade.

Outro participante do grupo contou que a mulher dele se arranhava, ia à delegacia e fazia o Registro de Ocorrência. Na terceira vez que ela foi lá, o policial disse para ela ir fazer o corpo de delito, e ela se recusou, porque sabia que era mentira, mas, mesmo assim, ela continuou o processo com outras histórias, e era por isso que ele estava ali. Num outro encontro, eu falei com esse mesmo participante, que me disse:

"Se a minha ex-mulher quisesse realmente me acusar, dessa última vez ela teria feito o exame de corpo de delito, mas ela não fez para não acusar a unha dela. O próprio inspetor de polícia falou que aquilo era marca de unha dela. Ela falou que não era, mas dava pra ver que era. Isso já tinha acontecido antes. Eu trabalhava como vigilante, ganhava um dinheirinho bom, cartão alimentação, mas ela não aceitava que eu terminasse com ela. Quando eu terminava, ela ia na delegacia pra eu perder meu emprego, porque eu não posso ter meu nome na delegacia. Quando eu estava a ponto de perder meu emprego, meus amigos me falaram pra eu voltar com ela, pra ela retirar a queixa. Eu conversei com ela, ela procurou um advogado, retirou a queixa e nós voltamos. Só que, quando definitivamente não deu certo o nosso retorno, ela inventou uma agressão de novo. Aí eu fui e procurei o mesmo ex-advogado dela, porque ele tem os papéis em que ela fazia e retirava as queixas. Ele já veio comigo na primeira audiência pra provar que ela tinha feito isso antes e, dessa vez, por que ela não fez o corpo de delito já que ela fez essa acusação?

Ela tinha ciúmes até do meu filho. Se eu desse um abraço ou um beijo no meu filho do meu primeiro casamento, virava briga. Ela era ciumenta mesmo. Ela tinha ciúmes até que eu fosse na casa da minha mãe e ela ia junto comigo buscar meu filho na casa da minha primeira ex-mulher. Aqui, você viu que só eu e mais um falamos que a acusação não tem nada a ver, a maioria fica calado. Eu perdi meu emprego, e ela ficou rindo à toa. Eu fiquei muito puto com ela, mas não posso nem chegar perto dela, e nem quero. Eu tenho até medo de encontrar ela na rua e, se não tiver ninguém perto, ela fazer um escândalo, se machucar, e eu ir preso. Ela não vale nada. Quando eu tava com ela, naquele dia, eu fui embora direto pra casa da minha mãe, porque se a polícia tivesse chegado lá, eu tinha sido preso. Ela quer me ver preso, porque eu vou me casar de novo. Eu virei evangélico de novo. Eu conheci minha ex em outra igreja evangélica, mas hoje em dia ela está na farra, bebe pra caramba e quer me ver fodido. Hoje eu trabalho como autônomo. Ainda bem que a gente não tem filho juntos, ela segue a vida dela e eu, a minha. Ela fez isso pra me ferrar porque, de dois em dois anos, eu faço reciclagem na minha área e tenho que tirar um 'nada consta'. Não posso ter denúncia contra mim, e sai essa denúncia na delegacia. Depois de ser inocentado aqui, eu espero poder voltar ao meu emprego de vigilante, mas eu tenho medo de chegar perto dela. Todo mundo me avisava que ela era problemática, mas quando você tá querendo a mulher, você não dá ouvidos a ninguém. Meu filho do primeiro casamento, com sete anos de idade, estava no meu colo quando nós vimos ela se arranhando. Eu peguei ele no colo e fomos pra casa da minha mãe. Ela foi pra delegacia e não fez o corpo de delito. Ela falou pra juíza que não fez o corpo de delito, porque eu estava ameaçando ela. Dá vontade de se revoltar, mas não vale a pena."

No penúltimo encontro, que tratava dos casos de tentativas de feminicídio e de feminicídios, uma experiente defensora da vara criminal expôs:

"O primeiro passo para uma reflexão verdadeira é o reconhecimento do erro, e eu posso afirmar que não é o caso dos senhores chegarem pro juiz ou pro defensor ou pro advogado que atende os senhores e falar: 'É, realmente fui eu', não é isso. Vocês confessam ou não, isso é uma situação processual, não é uma situação que vai minimizar o problema ou que vai solucionar. Quando eu digo que o reconhecimento do erro é o reconhecimento de vocês com vocês, é o reconhecimento que vocês fazem em silêncio, porque, se vocês acham que nada foi feito de errado, mudar, pra quê? A partir desse momento, você tenta uma reeducação. Nenhum de nós, incluindo as mulheres aqui, pode afirmar: 'Eu nunca na minha vida vou matar alguém', porque tem certas situações que extrapolam o seu nível de discernimento e de intelecto. E por isso esses crimes são chamados de crimes passionais. Os crimes passionais – um tapa, um soco, um empurrão ou até uma facada, uma água quente jogada pelo corpo – são aqueles que você cometeu, porque você estava tão envolvido, tão emocionado, que o seu discernimento, a sua razão te impediu de colocar um freio nisso. É muito comum também nas características dos homens que assassinam ou tentam assassinar mulheres, o uso do álcool ou da droga. É de uma forma acentuada que o uso de álcool e de drogas fazem com que os freios e a inibição sejam removidos. Se você se enquadra nas características de ciúme possessivo, não sabe lidar com as frustrações e tem dificuldade de resolver problemas, existe um problema seu com o gênero feminino, que vem de uma cultura de estar habituado a achar normal não saber frear esse tipo de comportamento. Então é melhor você acender a luzinha amarela. Nós precisamos reeducar comportamentos, porque essa sociedade patriarcal existe ainda, nós vivemos nela ainda, numa sociedade eminentemente patriarcal, mas ela está em mudança e o machismo é cem por cento ligado a ela. Ser machista é acreditar que o homem é superior à mulher e que ele pode determinadas coisas que a mulher não pode. Isso faz com que, no final do processo, vocês venham parar aqui."

Assim que terminou a palestra da defensora, um participante contou que, na semana anterior, ele tinha encontrado uma amiga que estava toda machucada, e que ela confessara que estava apanhando e iria mudar de casa. Ele então lhe perguntou: "Por que você não vai na Maria da Penha?" e ela respondeu: "No meu padrão de vida, se eu prender ele, eu não consigo sustentar meus filhos. Ela não fez nada, ela está desempregada e é obrigada a dividir o mesmo apartamento com ele. Mesmo separada, ela está apanhando". Isso gerou uma discussão sobre a capacidade da polícia ou de terceiros de poderem ajudar fazendo denúncias, caso a própria mulher não queira denunciar. A conclusão básica foi que, num caso desses, o agressor só seria preso se fosse pego pela polícia num flagrante de agressão.

Escutar a fala "Se você se enquadra nas características de ciúme possessivo, não sabe lidar com as frustrações e tem dificuldade de resolver problemas, existe um problema seu com o gênero feminino, que vem de uma cultura de estar habituado a achar normal não saber frear esse tipo de comportamento. Então é melhor você acender a luzinha amarela" me abalou profundamente, pois reparei que nenhuma das vítimas com as quais eu tinha conversado denunciou seus agressores perante a Lei Maria da Penha. Com isso, comecei a questionar a eficácia da lei. A única mulher que eu sabia que formalizara uma denúncia fora a Luciana, do caso da Provisória. E ela não estava mais viva.

XIII. Processo

Depois de correr durante meses atrás do inquérito e do processo, consegui ter acesso ao documento final, já arquivado. Primeiro, olhei todo o processo para tentar entender as partes que o compunham. Depois de lê-lo, fiquei impressionado com certas declarações que me passaram o cenário de terror, medo, agonia e surpresa daquela fatídica noite na comunidade da Provisória. Uma noite impossível de ser esquecida por quem a presenciou, e que deixou marcas indeléveis em toda vizinhança.

Achei também paradoxal a ironia dos nomes no endereço oficial do crime: Rua Henrique Paixão, Bairro Esperança. As palavras "**Paixão**" e "**Esperança**" me saltaram aos olhos e me fizeram refletir sobre dois aspectos que condenam as vítimas a se submeterem a relações abusivas, nada saudáveis.

Em seguida, me concentrei em destacar as informações que considerei mais relevantes no processo. São elas:

TERMO DE AUTUAÇÃO

Aos vinte e oito de março de dois mil e dezessete, neste Estado, e na 105ª Delegacia, autuo RO

GOVERNO DO ESTADO DO RIO DE JANEIRO
SECRETARIA DE ESTADO DE SEGURANÇA – SESEG
CHEFIA DA POLÍCIA CIVIL – 105ª Delegacia de Polícia

PORTARIA

Procedimento: 105-01301/2017
Data: 29/03/2017 às 7:23 horas

A Dr.ª Fernanda Marchesi Neves, delegada de Polícia, no uso de suas atribuições legais e, considerando os fatos narrados no presente procedimento preliminar de investigação, configurando, em tese, a violação aos preceitos primários de norma penal incriminadora dos artigos 121 § 2° incisos II e VI do CP, artigo 121 § 2° incisos II e VI n/f do 14 inciso II do CP e artigo 250 § 1° alínea a, determina que, autuada esta e demais peças de informativas, INSTAURE-SE INQUÉRITO POLICIAL, nos termos do preceituado no artigo pelo artigo 5° inciso I do CPP, a fim de ser submetido ao crivo da tutela jurisdicional do estado, visando a melhor esclarecer as circunstâncias do fato noticiado, devendo, para tanto adotar as seguintes medidas, no prazo de 30 dias.

Solicitar perícia de local
Encaminhar a Sr.ª Evanete ao IML, para exame de corpo de delito.
Solicitar Bam da vítima.
Solicitar ao ICCE perícia de local.
Juntar cópia dos ROs que envolvam as partes.
Solicitar ao IML laudos cadavéricos.
Instauro IP. Portaria em separado.
Demais diligências a cargo do servidor responsável.

REGISTRO DE OCORRÊNCIA **N° 105-01301/2017**
Lei 11.340/06

Data/Hora Início do Registro:	29/03/2017	01:23
Final do Registro:	29/03/2017	01:55

Origem: DP
Circunscrição: 105ª Delegacia de Polícia
Responsável p/ Investigação: POLIANA DA COSTA SILVA

Ocorrências

Homicídio
Feminicídio
Capitulação: Artigo 121, § 2°, incisos II e VI, do CP
Motivo Presumido: Outros
Data e Hora do fato: 28/03/2017 19:00 a 28/03/2017 20:00

Local: Passagem RUA HENRIQUE PAIXÃO, 1497
Bairro: ESPERANÇA Município: PETRÓPOLIS-RJ

Homicídio - Tentativa
Feminicídio - Tentativa
Capitulação: Artigo 121, § 2°, II e VI, nf do artigo 14, do CP

Motivo Presumido: Outros
Data e Hora do fato: 28/03/2017 19:00 a 28/03/2017 20:00
Local: Passagem RUA HENRIQUE PAIXÃO, 1497
Bairro: ESPERANÇA Município: PETRÓPOLIS-RJ

Incêndio
Capitulação: Artigo 250, § 1°, alínea a, CP

Motivo Presumido: Outros
Data e Hora do fato: 28/03/2017 19:00 a 28/03/2017 20:00
Local: Passagem RUA HENRIQUE PAIXÃO, 1497
Bairro: ESPERANÇA Município: PETRÓPOLIS-RJ

Envolvido(s)

Testemunha – Feminicídio
Testemunha – Feminicídio - Tentativa
Testemunha – Incêndio
Nome: STEPHAN PEREIRA EVANGELISTA – Civil ID Confirmada. Filho de: JORGE LUIZ EVANGELISTA e MARIA DAS GRAÇAS PEREIRA
Data de nascimento: 15/06/1996

Vítima – Feminicídio – Tentativa
Nome: EVANETE VIEIRA – Civil ID confirmada – Hospitalizado (BAM – 87526). Filho de: JOSÉ MARQUES VIEIRA e ODILIA DOS SANTOS VIEIRA
Data de nascimento: 11/07/1963
Testemunha – Feminicídio
Testemunha – Feminicídio - Tentativa

Nome: EVANDRO ALVES DE OLIVEIRA 26BPM – Policial Militar – Comunicante

Testemunha – Feminicídio
Testemunha – Feminicídio - Tentativa
Testemunha – Incêndio
Nome: THIAGO HILTON SOUZA EVANGELISTA – Civil ID Confirmada. Filho de: JARBAS EVANGELISTA e IOLANDA DAS GRAÇAS SOUZA EVANGELISTA
Data de nascimento: 15/06/1986

Vítima – Feminicídio
Nome: NÃO IDENTIFICADO – Não identificado Falecido Vulgo: EMILY VIEIRA EVANGELISTA

Vítima – Feminicídio
Nome: LUCIANA VIEIRA RODRIGUES – Civil ID confirmada Falecido
Filho de: NÃO DECLARADO e EVANETE VIEIRA
Data de nascimento: 24/05/1984

Autor – Incêndio
Autor – Feminicídio - Tentativa
Autor – Feminicídio
Nome: JORGE LUIZ EVANGELISTA – Civil ID não confirmada
Filho de: JARBAS EVANGELISTA e IOLANDA DAS GRAÇAS SOUZA EVANGELISTA
Data de nascimento: 23/06/1966

Vítima – Feminicídio
Nome: NÃO IDENTIFICADO – Não identificado Falecido Vulgo: EVELY VIEIRA RODRIGUES
Testemunha – Feminicídio - Tentativa
Testemunha – Incêndio
Testemunha – Feminicídio
Nome: JOSÉ LUIS DA SILVA FILHO PM – Policial Militar

Testemunha – Feminicídio
Testemunha – Feminicídio - Tentativa
Testemunha – Incêndio
Nome: KEILA CRISTINA VIEIRA MORAES – Civil ID não confirmada
Filho de: JOSÉ LUIZ MORAES e EVANETE VIEIRA
Data de nascimento: 31/10/1990

Bem(ns) Envolvido(s)
Proprietário: Armas – JORGE LUIZ EVANGELISTA
Apresentante: EVANDRO ALVES DE OLIVEIRA 26BPM

3 Cartucho (Intacto) (Nacional) Marca: CBC Nº de Série não informado Calibre: .38
Patrimoniada: Não Identificada Situação: Apreensão

3 Estojo Marca: NÃO IDENTIFICADA Nº de Série não informado Calibre: .38
Patrimoniada: Não Identificada Situação: Apreensão

2 Cartucho (Intacto) (Nacional) Marca: CBC Nº de Série não informado Calibre: .38
Patrimoniada: Não Identificada Situação: Apreensão

1 fragmento de Chumbo Marca: NÃO IDENTIFICADA nº de Série não informado Calibre: INDETERMINADO
Patrimoniada: Não Identificada Situação: Apreensão

Dinâmica do Fato

Narra o comunicante EVANDRO OLIVEIRA, Policial Militar PMERJ 68247, que recebeu um chamado da Sala de Operações, na data de hoje, 28/03/2017, terça-feira, por volta das 20h30min, relatando a existência de uma vítima com disparo de arma de fogo, qual seja: EVANETE VIEIRA, com entrada no Pronto do Alto da Serra. Em face disso, o declarante procedeu até o local, encontrando a Sra. EVANETE VIEIRA sendo medicada, com lesão na orelha esquerda, pelo disparo, conforme demonstra BAM de nº 87527 e, no balcão estava a filha desta, a Sra. KEILA CRISTINA VIEIRA MORAES, que informou que estava em seu imóvel residencial, localizado na R. Henrique Paixão, nº 1551, Esperança, quando o seu cunhado, JORGE LUIZ EVANGELISTA, adentrou o imóvel, portando arma de fogo e proferiu disparo em direção a EVANETE, se evadindo do imóvel em direção ao Pronto Socorro. Sabe-se que JORGE LUIZ teria realiza disparo de arma de fogo em face a sua ex-companheira, LUCIANA VIEIRA RODRIGUES , e dos filhos menores: EMILY VIEIRA EVANGELISTA (10 anos); WESLEY VIEIRA EVANGELISTA (08 anos) e EVELY VIEIRA EVANGELISTA (13 anos), cujos corpos se encontravam no imóvel localizado na R. Henrique Paixão, nº 1497, Esperança, e que teria JORGE colocado fogo no imóvel.

Diligências Realizadas

01- Contato com o CECOPOL, solicitando P.O. no endereço do fato criminoso, sendo atendido pelo Sr. Jacyr, Matrícula 142.404-3
02- Requisição de Exame de Local
03- Guia de Remoção de Cadáver
04- Em consulta ao ROWEB, foram localizados os registros policiais de lesão corporal, na forma da Lei 11.340/2006, de nº 105-01245/2017; 105-04605/2015; 105-02981/2006
05- Consulta ao Portal de Segurança, não sendo identificado o RG das vítimas menores, pelo fato de não possuírem registro no Detran.

TERMO DE DECLARAÇÃO

Procedimento: 105-01301/2017
Data: 29/03/2017 às 01:33

Nome: "OCULTADO" (Testemunha)
Nascimento: 15/06/1986
Contradita (COM): irmão do acusado

Inquirido, disse:

Que, na manhã de hoje, por volta das 11h45min, chegou na casa de sua mãe, na Rua Henrique Paixão, 1312, Bairro Floresta, e encontrou seu irmão, Jorge Luiz Evangelista, ora acusado; que Jorge pediu um casaco emprestado ao declarante e desceu no ônibus de 12h15min para o Centro da Cidade; que, por volta das 18h30min, Jorge passou pelo declarante, que estava no ponto de taxi da Rua General Osório, disse que iria no mercado e que voltaria para que o declarante o levasse em casa; que, minutos depois, recebeu uma ligação da sua sobrinha, Aline, filha de Jorge, de outro casamento, desesperada, dizendo que recebera uma ligação de Jorge que relatou que teria acabado de matar Luciana, e os filhos, e que iria se matar; que o declarante correu para casa de Jorge e Luciana mas não teve acesso à residência, que já estava interditada por policiais, quando soube que Jorge, de fato, teria matado Luciana, os filhos Emily, Evelyn e Wesley, 13, 10 e 8 anos de idade, respectivamente, além de ter desferido um tiro na mãe de Luciana; que o declarante passou a achar que Jorge teria o procurado no ponto de táxi, dizendo que voltaria com o declarante, para que este o esperasse e não fosse para casa; que acha que Jorge estava proibido de se aproximar da esposa, Luciana, por força de medida protetiva de urgência, no entanto, ambos continuavam morando na mesma casa; que soube de uma briga entre ambos, no último sábado, por intermédio de terceiros, eis que seu irmão nada comentou e o declarante não esteve com Luciana para saber exatamente o que houve; que Jorge não bebe, não é usuário de drogas e não tinha armas dentro de casa; que a vítima Wesley, de oito anos, era extremamente agarrada com o acusado; que, assim que o declarante chegou ao local do crime em apuração, ouviu comentários de vizinhos que teriam ouvido quatro tiros em sequência e, logo após, a explosão de um botijão de gás; que acredita que o crime tenha sido motivado pelo fato de Luciana querer separar o acusado dos filhos. Nada mais disse.

TERMO DE DECLARAÇÃO

Procedimento: 105-01301/2017
Data: 29/03/2017 às 00:31

Nome: "OCULTADO" (Testemunha)
Nascimento: 15/06/1996

Inquirido, DISSE:

Que o declarante é filho de Jorge Luiz Evangelista, AUTOR aqui dos fatos apurados, que o declarante estava em sua casa no Bairro Castelo São Manoel, onde reside com sua mãe, Maria das Graças Pereira, a qual não estava em casa, sendo que o declarante estava na companhia de sua namorada, Beatriz Azevedo Gonçalves da Fonseca, que num determinado momento, por volta das 20h, a vizinha do declarante, de nome Silvia, gritou pelo nome do declarante, o qual apareceu na janela e que Silvia então falou para o declarante que era para ele ir na casa de sua irmã, Aline Pereira Evangelista, a qual mora na casa ao lado da do declarante, pois ela estaria passando mal; que ato contínuo o declarante encontrou sua irmã no chão, chorando muito e com seu celular na mão, que o declarante então perguntou a sua irmã o que estava acontecendo, que sua irmã, Aline, respondeu que seu pai, Jorge Luiz Evangelista, tinha ligado e falado que iria matar seus três irmãos e a Luciana, a qual é ex-esposa de seu pai, que Aline ainda falou para o declarante ligar para o pai, que o declarante então ligou para o seu pai, Jorge, e deu fora de área; que ao contínuo o declarante ligou de novo sendo que desta vez seu pai, Jorge Luiz, atendeu o telefone e o declarante perguntou a seu pai onde ele estaria, que seu pai então respondeu que estava na casa de sua ex-esposa, Luciana, e falou que já tinha feito a MERDA, que ainda falou que tinha matado a LUCIANA E OS TRÊS IRMÃOS DO DECLARANTE, os quais eram filhos de seu pai, Jorge; que após seu pai desligou o celular; que ato contínuo o declarante ligou para Dona Evanete, pois a mesma é vizinha e mãe da Luciana; que quem atendeu o telefone foi a Keyla, que é filha da Evanete, que ato contínuo o declarante perguntou a Keyla o que estava acontecendo, que Keyla estava muito nervosa e chorando ao telefone explicou ao declarante que o pai dele tinha levado Luciana na fuga; que então o declarante perguntou a Keyla pelos seus irmãos, que Keyla respondeu que eles estariam em casa; que após Keyla desligou seu celular, que então o declarante ligou para o seu primo Luis Henrique que mora perto de seu pai, na Rua Henrique Paixão, que Luis atendeu e falou com o declarante que a casa de seu pai estaria pegando fogo, que ato contínuo o declarante falou para Luis: "Não está pegando fogo não, meu pai que explodiu e MATOU MEUS IRMÃO e a LUCIANA"; que ato contínuo o declarante desligou o celular e foi até a casa de seu pai, que, quando chegou lá, o declarante viu que já tinha uma viatura da polícia militar, uma ambulância dos bombeiros e um camburão dos bombeiros; que o declarante não subiu as escadarias para ir até a casa de seu pai, pois os policiais não deixaram; que demorou um pouco e um dos bombeiros desceu e falou com o declarante que não podia fazer mais nada, pois já estava todo mundo morto; que o declarante encontrou com vários parentes na Rua Henrique Paixão, pois a maioria mora lá, que todos seus parentes estavam muito nervosos e chorando muito. Que o declarante informa que se lembra que no dia 25/03/2017, num sábado, seu pai teria dado uma facada no braço de Luciana pelo motivo de que Luciana tinha terminado com seu pai e este não aceitava a separação, tendo Luciana feito o Registro de Ocorrência nesta Delegacia. Que o declarante ainda esclarece que seu pai nunca bateu nele e que saiba também nunca agrediu nenhum dos seus irmãos, mas que seu pai já agrediu sua mãe, Maria das Graças, Luciana e uma ex-companheira. E mais não disse e nada mais lhe foi perguntado.

TERMO DE DECLARAÇÃO

Procedimento: 105-01301/2017
Data: 29/03/2017 às 00:00

Nome: EVANETE VIEIRA (Vítima)
Nascimento: 11/07/1963
Costumes: Ex-Sogra

Inquirido, DISSE:

Que no dia de hoje a declarante, EVANETE VIEIRA, estava na casa de sua filha KEILA CRISTINA VIEIRA MORAES, junto com sua outra filha e família LUCIANA VIEIRA; que Jorge não aceitou a separação e que, por isso, LUCIANA ficava dormindo fora de casa, pois estava com muito medo do JORGE LUIZ EVANGELISTA; que no dia de hoje JORGE invadiu a casa da Keila, mandando que todos saíssem de casa; que neste momento recebeu um tiro, tendo então a declarante caído no chão; que do chão a declarante conseguiu ver que Jorge puxou sua filha, LUCIANA, para dentro da servidão, não conseguindo ver mais nada do acontecido.

TERMO DE DECLARAÇÃO

Procedimento: 105-01301/2017
Data: 29/03/2017 às 01:59

Nome: "OCULTADO" (Testemunha)
Nascimento: 31/10/1990

Inquirido, DISSE:

Que é irmã de LUCIANA VIEIRA RODRIGUES, filha de EVANETE VIEIRA e tia de WESLEY VIEIRA EVANGELISTA (08 anos), EMILY VIEIRA EVANGELISTA (10 anos) e EVELIN VIEIRA RODRIGUES (13 anos); que EVELIN foi registrada com sendo filha de MARTINHO OLIVEIRA RODRIGUES (que na época da gravidez era marido de LUCIANA), mas é de conhecimento de todos, inclusive de MARTINHO, que EVELIN é filha de JORGE; que JORGE é pai de WESLEY e EMILY e os registrou; que LUCIANA e JORGE viveram em união estável por cerca de 12 (doze) anos, se separaram há cerca de 2 (duas) semanas; que LUCIANA foi quem tomou a iniciativa de se separar de JORGE; que JORGE não aceitou a separação; que LUCIANA e os filhos permaneceram residindo na casa situada na Rua Henrique Paixão nº 1497, fundos, Bairro Esperança, e JORGE saiu do imóvel, indo morar numa casa próxima ao Bar da Cida (que também fica próximo da casa onde LUCIANA ficou residindo com os filhos); que a casa onde LUCIANA e os filhos moravam era alugada; que a declarante esclarece que JORGE também estava morando "de aluguel"; que LUCIANA trabalhava no Mercado Celma e foi demitida há cerca de (03) três meses; que JORGE trabalha como pedreiro e estava prestando serviço numa empresa que realizou uma obra no Hospital Alcides Carneiro e atualmente estava trabalhando numa obra pela mesma empresa em Duque de Caxias; que a declarante tem conhecimento que JORGE também estava prestando serviço de pedreiro na loja Charles Rodas e

Pneus do Alto da Serra; que o motivo da separação de LUCIANA e JORGE foi o fato deste constantemente agredir e ameaçar LUCIANA e os filhos do casal; que a declarante esclarece que mora próxima da casa de LUCIANA, também "de aluguel"; que a declarante esclarece que JORGE fez um buraco no muro que faz divisa da casa de LUCIANA para uma casa vizinha, que está abandonada; que essa casa abandonada dá acesso à servidão que leva à casa da declarante; que JORGE disse para a declarante que o buraco no muro era para facilitar o acesso de EVANETE para a casa de LUCIANA; que, no entanto, o buraco foi feito na época em que LUCIANA se separou de JORGE, ou seja, há cerca de duas semanas; que a declarante tomou conhecimento por LUCIANA e EVANETE de que, no dia 25 de março de 2017, por volta de 1 hora, JORGE esteve na casa de LUCIANA, embriagado e possivelmente drogado, agrediu EVELIN e esfaqueou LUCIANA e EMILY e fugiu porque EVANETE chegou ao local com a polícia; que a declarante esclarece ainda que JORGE é usuário de cocaína, isso afirmado por LUCIANA; que, inclusive, JORGE fugiu pelo buraco feito no muro por ele próprio, dias antes; que o fato foi registrado na delegacia sob o nº 105-01245/2017; que a declarante acredita que LUCIANA estivesse com Medida Protetiva da Lei Maria da Penha; que, após as agressões e ameaças do dia 25 de março de 2017, LUCIANA passou a ficar durante o dia na casa da declarante; que os filhos EVELIN, EMILY e WESLEY ficavam na casa de LUCIANA durante o dia; que, ao anoitecer, LUCIANA pegava os filhos e ia para casa de EVANETE, no bairro Floresta, onde passavam as noites e madrugadas; que, desde o fato ocorrido no dia 25 de março de 2017, JORGE não mais esteve na casa de LUCIANA; que anteontem, dia 27 de março de 2017, por volta das 09 horas, JORGE efetuou ligação para o telefone fixo da casa de EVANETE; que LUCIANA atendeu a ligação; que JORGE pediu para falar com os filhos, o que foi permitido por LUCIANA; que JORGE acreditava que LUCIANA estivesse "fazendo a cabeça" dos filhos para que estes ficassem com ela e não com JORGE; que, no entanto, durante a ligação, os filhos manifestaram a vontade de ficar também com JORGE; que ficou estabelecido entre ambos que JORGE passaria uma semana completa com os filhos e na semana seguinte estes ficariam com LUCIANA; que LUCIANA e JORGE terminaram a conversa "numa boa", não havendo conflito em razão da guarda e convívio com as crianças; que ontem, dia 28 de março de 2017, por volta de 20 horas, a declarante estava no interior de sua casa, situada na Rua Henrique Paixão nº 264, Bairro Esperança, ressaltando estar localizada bem próxima da casa de LUCIANA; que estavam junto da declarante EVANETE, LUCIANA, ELDER (ex-marido da declarante), EUNICE (vizinha da declarante), além dos três filhos da declarante, sendo dois de 09 anos de idade e um de 02 anos de idade; que a declarante e os demais conversavam no interior da casa, aguardando a chegada dos filhos de LUCIANA para irem para casa de EVANETE; que a declarante esclarece que também estava dormindo na casa de EVANETE, por estar com medo de JORGE, pois este, no dia 25 de março de 2017, afirmou também que mataria a declarante e EVANETE; que a porta da sala da casa da declarante estava aberta, pois já estavam de saída; que, de repente, JORGE entrou na casa com um revólver na mão; que JORGE foi diretamente na direção de LUCIANA, apontando o revólver para ela; que JORGE disse para LUCIANA "VAMOS LÁ FORA PRA GENTE CONVERSAR"; que, ato contínuo, EVANETE se aproximou e disse: "JORGE, PELO AMOR DE DEUS, NÃO MACHUCA ELA ; que JORGE, então ficou apontando o revólver para todos que estavam na casa, inclusive para os filhos da declarante; que JORGE disse que não machucaria e que apenas iria conversar com LUCIANA; que EVANETE segurou LUCIANA pelo braço para impedir que esta saísse de casa; que LUCIANA disse para EVANETE que iria sair para acabar com isso; que, já na porta da sala, EVANETE implorou para JORGE não matar LUCIANA, ~~que~~ EVANETE disse que estava ___~~frase ilegível~~___; que a declarante então disse para JORGE: "OLHA O QUE VOCÊ ESTÁ FAZENDO"; que JORGE, então, disse: "VOU LOGO ACABAR COM ISSO" e, ato contínuo, encostou o revólver na cabeça de EVANETE e efetuou um disparo; que a declarante estava atrás de EVANETE com a filha no colo e o projétil passou "de raspão" pela declarante; que EVANETE caiu no chão; que, então, a declarante jogou sua filha no chão rapidamente e foi socorrer EVANETE; que a declarante e ELDER puxaram EVANETE para a cozinha; que LUCIANA tentou voltar para dentro de casa, mas JORGE a puxou pelo braço para a servidão; que, logo em seguida, a declarante ouviu outro disparo; que a declarante acreditou que o disparo teria vitimado LUCIANA e correu para fechar as portas e janelas da casa, porque acreditava que JORGE voltaria para matar a declarante e EVANETE, como já havia ameaçado antes; que a declarante imediatamente telefonou para 190 e 193; que a declarante e os demais permaneceram dentro de casa trancados, pois acreditou que, se saísse, seria vítima de JORGE; que, cerca de 30 (trinta) minutos depois do disparo, supostamente feito contra LUCIANA, a declarante decidiu sair de casa com os demais para socorrer EVANETE, pois esta disse para a declarante que estava morrendo; que EVANETE perguntava a todo momento por LUCIANA; que a declarante e os demais saíram de casa, mas não desceram pela servidão, o que seria o correto, pois temiam encontrar JORGE, uma vez que a casa de LUCIANA ficava na parte mais baixa; que subiram pela servidão e saíram por uma rua localizada acima e seguiram de carona com um vizinho para o Pronto Socorro do Alto da Serra; que os filhos da declarante ficaram na casa de uma vizinha, e ELDER foi para a rua principal aguardar a chegada dos policiais para poder informar o que havia ocorrido; que a declarante, enquanto estava no pronto socorro, recebeu telefonema de ELDER, tendo este dito que as pessoas que estavam na rua haviam ouvido disparos de arma de fogo antes da chegada de JORGE na casa da declarante; que ELDER disse que os sobrinhos da declarante estavam mortos, o que levava a crer que JORGE já havia matado WESLEY, EMILY e EVELIN antes de ir até a casa da declarante; que ELDER disse que LUCIANA também estava morta; que soube por ELDER também que JORGE, após matar

LUCIANA e os filhos WESLEY, EMILY e EVELIN, teria ateado fogo na casa de LUCIANA; que, após atendimento no pronto socorro, EVANETE foi encaminhada de ambulância para o Hospital Alcides Carneiro, onde ficou internada, mas fora de perigo; que a declarante esclarece ainda que, ao entrar na casa da declarante, JORGE não aparentava estar embriagado ou drogado, estando apenas muito nervoso. E mais não disse.

TERMO DE DECLARAÇÃO

Procedimento: 105-01301/2017
Data: 29/03/2017 às 2:40

Nome: "OCULTADO" PM (Testemunha)

Inquirido, DISSE:

QUE o declarante, Policial Militar, recebeu um chamado da Sala de Operações na data de ontem, 28/03/2017, terça-feira, por volta das 20h10min, relatando a existência de uma mulher baleada, que agora sabe se chamar EVANETE VIEIRA, no endereço R. Henrique Paixão, nº 1497, Esperança; QUE o declarante diante dos fatos procedeu até o local e encontrou a nacional LUCIANA VIEIRA RODRIGUES no chão da varanda de sua residência, já falecida, com um disparo de arma de fogo na cabeça, e encontravam-se os corpos de 2 (dois) filhos no chão da varanda com disparos de arma de fogo, qual seja: WESLEY VIEIRA EVANGELISTA com 8 (oito) anos de idade e EMILY VIEIRA EVANGELISTA, com 10 (dez) anos de idade, e denotou a existência de uma perfuração na parede do muro para outro terreno, encontrando um corpo desfalecido no solo, de uma mulher, a terceira filha, que agora sabe se chamar, EVELIN VIEIRA RODRIGUES, com 13 anos de idade; QUE o declarante informa que no local já se encontrava o Corpo de Bombeiros, a Capitã Pâmela, Matrícula 45340, Viatura ABSL 144, e esta solicitou a perícia criminal da polícia civil, preservando o local, comparecendo a Dr.ª Miriam Silveira, Matrícula 50353900 e logo após houve a remoção de cadáver das vítimas envolvidas, que foram direcionadas ao IML; QUE o declarante relata que a Sr.ª EVANETE foi socorrida por populares para o Pronto Socorro do Alto da Serra, conforme demonstra BAM de nº 87526, comparecendo o declarante nessa unidade hospitalar; QUE o declarante relata que não logrou êxito em obter maiores informações com a vizinhança local, pois ficou preservando a cena do crime; QUE o declarante não encontrou no local a arma de fogo, contudo verificou a existência de componentes de arma de fogo no local, que foram recolhidas pela perita criminal, não sabendo relacionar a quantidade; QUE o declarante informa que obteve por populares que o autor do disparo seria ex-companheiro da LUCIANA, o nacional que agora sabe se chamar JORGE LUIZ EVANGELISTA; QUE o declarante relata que não tem informações sobre o local de fuga do nacional; QUE o declarante relata que o imóvel residencial encontrava-se em chamas, e o Bombeiro estava apagando o fogo; QUE o declarante informa que a nacional KEILA CRISTINA VIEIRA MORAES, irmã da LUCIANA entrou em contato com o 190 da Polícia Militar, relatando o fato criminoso, indo com a sua genitora, EVANETE, para a unidade hospitalar; QUE não há câmera no local; QUE o declarante não presenciou o fato criminoso; QUE o declarante se compromete em comparecer em sede policial/judicial quando intimado. E mais não disse.

REGISTRO DE OCORRÊNCIA Nº 105-04605/2015
Lei 11.340/06

Data/Hora Início do Registro: 23/08/2015 15:20
Final do Registro: 23/08/2015 15:28
Origem: Atendimento Balcão 10515/06999-1
Circunscrição: 105ª Delegacia de Polícia
Responsável p/ Investigação: PEDRO AZZI JUDICE MARTINS

Ocorrências

Lesão Corporal Localidade: OUTROS
Lesão Corporal Provocada por Socos, Tapas e Pontapés
Capitulação: Artigo 129, parágrafo 9º do CP n/f da Lei 11340/06
Motivo Presumido: Pessoal
Data e Hora do fato: 23/08/2015 14:05 e 23/08/2017 14:05
Local: Rua QUISSAMÃ
Bairro: QUISSAMÃ Município: PETRÓPOLIS-RJ

Supermercado Celma

Envolvido(s)
Vítima - Lesão Corporal Provocada por Socos, Tapas e Pontapés
Nome: LUCIANA VIEIRA RODRIGUES – Civil ID não confirmada – Comunicante - Representante

Autor - Lesão Corporal Provocada por Socos, Tapas e Pontapés
Nome: JORGE LUIZ EVANGELISTA - Civil ID não confirmada

Dinâmica do Fato
Comunica a Sr.ª Luciana Vieira Rodrigues que, na tarde de hoje, por volta da 14h5min, foi agredida fisicamente por seu atual companheiro, Jorge Luiz Evangelista, com quem mora há dez anos e tem três filhos, todos menores. A comunicante estava em seu

local de trabalho, no Supermercado Celma, e foi arrastada pelos cabelos pelo acusado, porque demorou cinco minutos além do término do horário de trabalho, só não tendo sido agredida mais porque uma funcionária do restaurante Camponata, que fica ao lado do supermercado, intercedeu em seu favor e acionou a polícia, o que fez com que o acusado se evadisse do local. A comunicante não sabe o nome da funcionária, sendo ela a testemunha que indica. Não é a primeira vez que é agredida pelo acusado, ao contrário, a violência física contra a sua pessoa é uma constante, no entanto nunca registrou ocorrência. A comunicante não buscou atendimento médico.

TERMO DE DECLARAÇÃO

Procedimento: 105-01301/2017
Data: 29/03/2017 às 12:52

Nome: EVANETE VIEIRA (Vítima)

Inquirida, DISSE:

Que é mãe de Luciana, que Luciana convivia maritalmente com Jorge durante 12 anos; que eles tinham três filhos em comum: Evelin Vieira Rodrigues, com 13 anos, Emily Vieira Evangelista, com 10 anos e Wesley Vieira Evangelista, com 8 anos; que Luciana e Jorge residiam próximo a casa da declarante, que a declarante reside na Estrada da Floresta 284, e sua filha Luciana e Jorge, na Rua Henrique Paixão, nº 1531; que Luciana e Jorge sempre tiveram um relacionamento conturbado; que Jorge sempre agrediu Luciana; que Jorge é muito ciumento; que Jorge sempre era desconfiado e acreditava que Luciana o traía com qualquer pessoa; que a declarante nunca viu Jorge agredindo Luciana; que Luciana contava para a declarante que era agredida; que a declarante sempre orientou a Luciana para que ela fizesse registro de ocorrência contra Jorge; que Luciana sentia muito medo de Jorge; que Luciana sempre falava que Jorge a ameaçava, dizendo que, se ela o largasse ele a mataria e mataria toda a família; que Luciana apenas registrou 2 ocorrências contra Jorge, embora tenha sido agredida e ameaçada diversas vezes; que a declarante não sabe dizer o andamento com a ocorrência feita em 2015; que Luciana sempre tentava terminar o relacionamento e acabava voltando por medo de que ele cumprisse as ameaças; que Luciana terminou com Jorge há aproximadamente um mês; que Luciana estava morando com a declarante e levou os filhos; que no dia 8 de março de 2017, Luciana foi para a casa de Adriana, irmã, que reside no Rio de Janeiro, Rua Magalhães Bastos, Vila Esmeralda, casa 03, fundos; que Luciana ficou na casa de Adriana e deixou os filhos com Jorge; que Luciana já foi para o Rio para se esconder de Jorge, pois ele não entra na casa de Adriana por ser "comunidade"; que Luciana enquanto estava na casa de Adriana recebia ligações de Jorge; que Jorge queria que Luciana voltasse para ele e que ele iria mudar; que Luciana recusava e falava que não iria voltar para ele; que na sexta-feira, dia 10/03/2017, Jorge ligou para Luciana e disse que a filha Evelin não teria chegado em casa ainda e que ela deveria subir para procurá-la; que Luciana não subiu para Petrópolis e Jorge ligou novamente dizendo que a filha havia chegado e que estaria com roupa diversa da que havia saído de casa, só para deixar Luciana preocupada; que Luciana não se rendeu ao que Jorge falou e não voltou para Petrópolis; que logo em seguida Evelin ligou para a mãe, Luciana, e contou que tudo o que Jorge havia falado era mentira para que ela voltasse para casa; que Jorge por ver que o "plano" dele não havia dado certo agrediu Evelin com pedaço de pau; que Evelin contou isso para Luciana por telefone e que Luciana contou isso para a declarante; que Luciana continuou na casa de Adriana; que no dia 18/03/2017 Luciana falou para Adriana que iria voltar para Petrópolis, pois não estava aguentando saber que os filhos estavam sofrendo mas mãos de Jorge e que ela iria dar parte de Jorge na delegacia, por causa das ameaças; que Luciana voltou para Petrópolis no dia 18/03/2017 e ficou na casa de uma amiga chamada Marilene; que Luciana ficou escondida; que Luciana foi para a casa da declarante no dia 20/03/2017; que Jorge ficou sabendo que Luciana havia voltado e foi até a casa da declarante no dia 21/03/2017; que Jorge falou que tinha aceitado a separação e que era para Luciana ir para casa com ele para eles conversarem; que Luciana não aceitou; que Jorge ficou conversando; que Jorge falou para a declarante para que ela desse uma força para que Luciana voltasse para ele; que a declarante fingia que ia dar força, mas na realidade nunca iria dar força para Luciana voltar para Jorge; que Jorge depois de conversar foi embora numa boa; que no dia 22 ou 23/03/2017 (a declarante não se recorda), foi aniversário de Emily, filha de Luciana e Jorge; que Jorge falou que iria fazer uma festinha para ela; que Jorge comprou bolo, salgado e refrigerante e levou para casa da declarante; que os filhos de Luciana já estavam na casa da declarante; que teve festa à noite; que não teve briga nenhuma; que Jorge sempre falava para Luciana para ela ir para a casa dele; que Luciana não aceitou; que acabou a festa e Jorge foi embora e levou as crianças; que no dia 23/03/2017, Jorge continuou insistindo para que Luciana voltasse para casa; que Luciana foi para conversar; que Luciana e Jorge conversaram e Jorge saiu de casa; que ele levou as roupas dele; que Luciana ficou na casa de Jorge com as crianças; que Jorge fingia que estava tudo bem; que no dia 24/03/2017 Jorge levou uma cesta básica para Luciana e falou que Luciana terminou com a vida dele e que ele estava morando dentro do carro igual a um mendigo e que queria voltar para ela; que Luciana não quis voltar para ele; que, na madrugada de sexta para sábado, Jorge foi até a casa de Luciana e já desferiu uma facada no braço dela e nas costas; que Jorge falou, que:" Você está acabando com a minha vida, vou te matar, vou matar a família toda'; que Evelin viu a situação e ligou para a declarante pedindo socorro; que a declarante saiu de casa e chamou a polícia e foram para a casa de Luciana; que Jorge, quando viu a viatura, fugiu; que Luciana e a declarante vieram para esta delegacia e fizeram a ocorrência e pediram medidas protetivas de urgência; e voltaram para casa; que Luciana foi para a casa da declarante e ficaram lá; que as crianças ficaram na casa de Fabiana, irmã de Luciana; que no domingo as crianças continuaram lá; que Jorge ligou para a declarante, para casa dela e falou: "VOU ACABAR COM A FAMÍLIA TODA"; que no domingo Jorge ligou para Luciana e pediu para voltar o relacionamento; que Luciana falou que não; que na segunda-feira, 27/03/2017, Jorge ligava para Luciana, falando para que queria que as crianças voltassem para casa dele; que Luciana mandou todo mundo voltar para casa de Jorge; pois Jorge estava enchendo muito Luciana; que as crianças foram para casa de Jorge na segunda; que na terça-feira de manhã todos foram estudar normalmente; que voltaram para casa; que Luciana estava na casa de Keila; que mora na casa ao lado de Jorge; que a declarante foi para casa de Keila por volta das 19h; que Luciana estava conversando com a declarante dentro da casa de Keila; que estavam na casa a declarante, Luciana, Keila, Helder, Vitória, Elias e Ezequiel; por volta das 19h20 Jorge entrou na casa de Keila com a arma na mão; que Jorge falou que queria conversar com Luciana; que a declarante pediu para que ele não fizesse nada contra Luciana; que Jorge foi em direção da Luciana e a puxou pelo braço; que a declarante entrou na frente; que Jorge desferiu um tiro para acertar a declarante; que acertou na orelha da declarante; que a declarante caiu no chão e não viu mais nada; que Jorge puxou Luciana e saiu a arrastando; que dali para frente a declarante não sabe o que aconteceu; que a declarante ficou em casa e ficou tentando ligar para a polícia e esperou socorro; que foi socorrida no hospital; que só ficou sabendo que Luciana e as crianças morreram no dia de hoje, quando saiu do hospital; que a declarante teme pela sua integridade física, pois Jorge falou que iria matar a família toda; que teme pela integridade do resto da família que sobrou; é o que tem a declarar e mais não disse.

TERMO DE DECLARAÇÃO

Procedimento: 105-01301/2017
Data: 06/04/2017 às 16:37

Nome: "OCULTADO" (Testemunha)

Inquirido, DISSE:

Que presta as presentes declarações na qualidade de filho do acusado, Jorge Luiz Evangelista, que veio a falecer na tarde de hoje; que não presenciou os fatos ora apurados, mas os comentários uníssonos são no sentido de que o crime foi praticado por seu pai, sem a participação de mais ninguém; que, quanto à dinâmica do crime, ouviu vários comentários, uns de que seu pai teria matado os filhos primeiro e depois a esposa, outros, de que ele teria matado todos ao mesmo tempo, comentários esses de populares que nada presenciaram e que não levam o declarante a nenhuma conclusão; que não ouviu nenhum comentário a respeito da localização do revólver utilizado por seu pai; que, no dia anterior ao crime em apuração, em horário que o declarante não sabe dizer, Jorge Luiz Evangelista entregou sua carteira de trabalho para Jonathan Freitas Evangelista, irmão do declarante, que apresenta distúrbios mentais; que, quanto ao seu pai ter dito para Jonathan que, se acontecesse alguma coisa com ele, tinha um dinheiro para receber, o declarante nada sabe dizer a respeito; que não acha que seu irmão Jonathan, por ser especial, tenha condições de prestar esclarecimentos; que seu pai brigava com Luciana, mas nada fora do normal e era apaixonado pelos três filhos mortos, principalmente o caçula; que o motivo do crime foi o fato dele não aceitar separar-se de Luciana e ser privado da companhia dos filhos. Nada mais disse.

TERMO DE DECLARAÇÃO

Procedimento: 105-01301/2017
Data: 06/04/2017 às 17:19

Nome: "OCULTADO" (Testemunha)

Inquirido, DISSE:

Que presta as presentes declarações na qualidade de filha do acusado, Jorge Luiz Evangelista, falecido na tarde de hoje, no Hospital Santa Teresa; que, nos dias dos fatos em apuração, ligou várias vezes para seu pai e o mesmo desligava; que, por volta das 20h, Jorge L. Evangelista retornou a ligação, do número 24-XXXXXXXX, e disse: "Filha, o pai te ama muito, mas o pai acabou de matar as crianças e a Luciana; agora o pai vai botar fogo na casa e vai se matar" (sic); que a declarante ligou para seu tio, Thiago, e este não acreditava, dizendo que tinha acabado de ver Jorge Evangelista no Centro da Cidade; que seu primo, Luiz Henrique, foi para o local e, atendendo a ligação telefônica da declarante, disse tão somente que a casa de seu pai estava pegando fogo; que a declarante correu para o local mas não teve acesso, pois o mesmo já estava interditado por policiais e bombeiros; que, em relação ao motivo, seu pai não aceitava ficar longe dos três filhos/vítimas, os quais receberam amor por parte de seu pai que nenhum dos outros filhos recebeu; que principalmente o filho caçula, Wesley, era extremamente agarrado com o acusado e não aceitava dormir sem ele, motivo pelo qual os três estavam na companhia do pai no fatídico dia; que, quanto à dinâmica do crime, ouviu comentários no sentido de que os frequentadores do Bar do Paulinho (abaixo da casa de seu pai) teriam escutado as três crianças gritando e chorando muito, seguido de três tiros; que, passado alguns instantes, foi ouvido um quarto tiro e, minutos depois, um quinto tiro, seguido de uma explosão, o que a faz presumir que seu pai tenha matado os três filhos, dado um tiro na mãe de Luciana e o último em Luciana, antes de atear fogo na casa; que soube que, no dia anterior, seu pai procurou Jonathan Freitas Evangelista, seu irmão especial (distúrbios mentais) e entregou sua carteira de trabalho e a quantia de quatrocentos e cinquenta reais, mandando que ele entregasse para a mãe, caso lhe acontecesse alguma coisa; que seu pai tinha brigas com Luciana, mas nada anormal, no entanto, era muito ciumento. Nada mais disse.

TERMO DE DECLARAÇÃO

Procedimento: 105-01301/2017
Data: 07/04/2017 às 16:45

Nome: "OCULTADO" (Testemunha)

Inquirido, DISSE:

Que o declarante é ex-companheiro de Keila Cristina, portanto, ex-cunhado da vítima Luciana; que tem três filhos com Keila, dois garotos gêmeos de oito anos e uma menina de dois anos de idade; que, nos dias dos fatos em apuração, por volta das 19h30min, o declarante foi até a casa de Keila, a fim de lhe entregar fraldas para a filha e o lanche da escola dos outros dois filhos, encontrando-a acompanhada da mãe Evanete, de uma vizinha, chamada Eunice, e da irmã/vítima, Luciana; que o telefone de Evanete tocou e era Jorge Evangelista do outro lado da linha, dizendo que as crianças não queriam subir; que Luciana aquiesceu que as filhas ficassem com o pai, pedindo que ele trouxesse ao menos o filho menor, Wesley, sem briga nem discussão; que, minutos depois, Evanete, Luciana, Keila, Eunice e o declarante estava na cozinha quando Jorge Evangelista chegou com a arma já em punho, extremamente alterado e mandando que Luciana fosse para casa; que Jorge tentou arrastá-la e Evanete intercedeu em favor da filha, quando então Jorge desferiu um disparo contra a cabeça de Evanete, atingindo-a na orelha; que Keila socorreu a mãe e o declarante correu com os filhos menores para a casa de uma vizinha, chamada Elisabeth; que, a partir daí, o declarante só veio a saber da tragédia por intermédio de bombeiros que interditaram o local. Nada mais disse.

TERMO DE DECLARAÇÃO

Procedimento: 105-01301/2017
Data: 07/04/2017 às 17:02

Nome: "OCULTADO" (Testemunha)

Inquirido, DISSE:

Que a declarante é vizinha de Keila, irmã da vítima Luciana; que, no dia dos fatos em apuração, a declarante estava na casa de Keila, acompanhada dela, de Luciana e de Evanete; que, momentos depois, o ex-companheiro de Keila, chamado Helder, chegou na casa, trazendo comida para os filhos menores e fraldas; que estava todos na cozinha, com exceção da declarante, que estava na sala vendo televisão; que a porta da casa estava aberta e, de repente, Jorge Evangelista foi entrando, já com a arma em punho, extremamente nervoso, mandando que Luciana fosse para casa; que Luciana se opôs e Jorge tentou arrastá-la, tendo Evanete intercedido em favor da filha, quando então Jorge desferiu um disparo de arma de fogo, atingindo Evanete na orelha; que Jorge saiu, arrastando Luciana pela casa afora, Keila partiu com a mãe, Evanete, em busca de socorro, Helder pegou os filhos menores e levou para a casa de uma vizinha e a declarante desceu para sua casa; que, no trajeto de casa, a declarante encontrou Jorge Evangelista subindo a escada, somente de cueca, já com queimaduras por todo o corpo e, ainda com o revólver na mão, apontou-o para a declarante e mandou-a correr; que o único disparo de arma de fogo que a declarante escutou foi o que Jorge deu em Evanete. Nada mais disse.

TERMO DE DECLARAÇÃO

Procedimento: 105-01301/2017
Data: 07/04/2017 às 17:14

Nome: "OCULTADO" (Testemunha)

Inquirido, DISSE:

Que a declarante é vizinha de Keila; que, no dia dos fatos em apuração, a declarante estava em sua residência, acompanhada de seu marido e os filhos, quando escutou o barulho de um tiro; que, logo em seguida ao estrondo, Keila apareceu com a mãe ensanguentada e seu ex-companheiro, Helder, com os três filhos menores, ficaram na casa da declarante, enquanto Keila foi socorrer a mãe; que a declarante não presenciou nada, mas todos diziam que Jorge Evangelista havia sido o autor do disparo e que, em seguida, saíra arrastando Luciana para casa. Nada mais disse.

Os **LAUDOS DE EXAME DE CORPO DELITO DE NECROPSIA** concluíam que todas as mortes haviam ocorrido por HEMORRAGIA COM DESTRUIÇÃO CEREBRAL / TRAUMATISMO CRÂNIO-ENCEFÁLICO causadas por meio de AÇÃO PÉRFURO-CONTUNDENTE de Projétil de Arma de Fogo (PAF) na região fronto-temporal.

Laudo do Exame Pericial Criminal de Local Subsidiário ao Laudo de Homicídio Quádruplo

Laudo Subsidiário ao Laudo 0095/2017

///

Aos vinte e nove dias do mês de março do ano de dois mil e dezessete, neste **Serviço de Perícias Criminais do Posto Regional de Polícia Técnico-Científica de Petrópolis**, de acordo com a legislação em vigor, atendendo à requisição da Autoridade Policial da Delegacia de destino, o **Perito Criminal M.Sc. Marcelo Ribeiro** e a **Perita Criminal Bel. Mirian Silveira Cacilhas** foram designados pelo Diretor do **Departamento Geral de Polícia Técnico-Científica** para realizar o presente Laudo de Exame Pericial Criminal, descrevendo a verdade e com todas as circunstâncias o que encontrar no momento do exame.///

///

DO HISTÓRICO///

///

Em continuidade aos exames ora relatados do Laudo principal que aqui se complementa, no dia posterior, sob iluminação artificial e condições de segurança, os Peritos Criminais designados compareceram ao local objeto do Exame, realizando o Exame Pericial Criminal referente ao incêndio verificado na edificação, que passa a ser relatado neste Laudo de Exame Pericial Criminal.///

///

DA PRESERVAÇÃO DO LOCAL///

///
O local se encontra preservado e policiado, fazendo-se presente uma equipe de policiais militares do 26º Batalhão PMERJ.///
///
Durante a realização do exame, a Autoridade Policial requisitante não se fez presente e nem se fez representar por um de seus agentes.///
///
DAS CONSTATAÇÕES///
///
Conforme já mencionado, a edificação presente no imóvel residencial se apresentava incendiada. Ao dia posterior no Exame inicial, os Peritos Relatores diligenciaram ao local para exame aprofundado acerca do respectivo incêndio, sendo verificado que:///

a) Na fachada da edificação, mais precisamente na estrutura de madeira da janela frontal do cômodo "sala de estar", notava-se danificação produzida pela ação do fogo, podendo ser verificado, pelos vestígios presentes, que a ação inicial do fogo se deu na parte externa para a parte interna, ocasionando completa danificação da estrutura da janela.///

b) A porta delimitadora de acesso à edificação pelo cômodo da sala encontrava-se com vestígios relacionados a rompimento de obstáculo, podendo ser verificado que tal rompimento de obstáculo ocorreu após o incêndio na referida janela descrita no item anterior, tendo em vista que foram verificadas presenças de pontos parciais de carbonização. Durante a realização do Exame Pericial, a porta foi encontrada sobre a escada de acesso à edificação;///

c) Todos os móveis e objetos do cômodo do tipo sala de estar foram totalmente destruídos pela ação direta do fogo;///

d) Adjacente à referida sala de estar (à direita da sala de estar) encontrava-se um compartimento físico do tipo dormitório, onde foi verificada ação do fogo com maior intensidade sobre a porta de acesso e respectivamente em sua estrutura, sendo verificada também parcial danificação pela ação do fogo e da proporção do calor em móveis e objetos no interior desse quarto;///

e) Foram verificados pontos isolados de focos ígneo nos demais cômodos da casa, tais como o banheiro, cozinha e hall de circulação, caracterizando a multiplicidade de focos e definindo que o incêndio ora examinado foi provocado por ação humana voluntária;///

f) Em um cômodo do tipo dormitório com acesso pelo hall de circulação foi encontrado um típico galão de material polimérico e sem tampa, no qual se encontrava com pequena quantidade de líquido com propriedades organolépticas de líquido acelerante de queima. O referido galão foi coletado e o líquido testado para propriedades de combustão (acelerante de queima) tendo o seu resultado positivo. Na parte externa da residência foi encontrada a respectiva tampa, que se encontrava parcialmente danificada pela ação do fogo;///

g) Examinada toda a edificação, não foi verificada outra saída hábil (porta desobstruída), pois uma possível segunda saída (pela lateral esquerda da edificação) encontrava-se obstruída pelo acúmulo de móveis e objetos na parte interna;///

h) No interior da residência foi encontrado um aparelho de telefone celular do tipo smartphone, que se encontrava danificado pela ação direta e indireta do fogo.///

///

DE OUTROS ELEMENTOS///

///

a) Os quesitos formulados encontram-se respondidos no corpo deste Laudo de Exame Pericial Criminal;///

b) Acompanha o respectivo Laudo o encaminhamento do referido galão de material polimérico com o restante do líquido acelerante de queima (combustível) e o referido aparelho telefone celular encontrado no quarto da realização do Exame Pericial Criminal;///

c) O Perito Criminal Relator sugere o encaminhamento do

aparelho de telefone ao especializado Serviço de Perícias de Engenharia, no ICCE-Sede, para possível extração de dados em mídias possivelmente não destruídas pela ação do fogo.///

///

DA CONCLUSÃO///

///

Conforme os elementos técnicos expostos acerca do incêndio verificado, concluem os Peritos Criminais Relatores que houve no local um incêndio provocado por ação humana voluntária, caracterizado pela multiplicidade de focos ígneos, bom como a assistência de vestígios relacionados à causa adversa, destacando que inicialmente houve a ação incendiária na janela frontal do cômodo do tipo sala de estar que, em consequência, houve rompimento de obstáculo com objetivo de acesso ao interior da edificação, onde foram verificados em seu interior outros focos ígneos pontuais e, também, a presença do referido galão de material polimérico contendo líquido acelerante de queima.///

///

A ação incendiária provocou perigo à vida dos habitantes da edificação examinada, bem como aos vizinhos imediatamente adjacentes.///

///

Fica o eventual esclarecimento a cargo da correspondente investigação policial, tudo conforme relatado no presente Laudo de Exame Pericial Criminal de Local.///

///

Nada mais havendo a acrescentar, encerra-se o presente Laudo de Exame Pericial Criminal que, relatado e digitado pelo Perito Criminal Relator, segue por este assinado.///

MARCELO RIBEIRO

Perito Criminal

Matrícula 963.103-7

O **LAUDO DE EXAME DE CORPO DELITO DE NECROPSIA** do corpo de Jorge Luiz Evangelista (Nascimento: 23/06/1966), realizado a partir das 10:51 do dia 07/04/2017, concluía que a causa da sua morte foi **SEPTICEMIA, QUEIMADURA DE TERCEIRO GRAU** por AÇÃO TÉRMICA.

GOVERNO DO ESTADO DO RIO DE JANEIRO
SECRETARIA DE ESTADO DE SEGURANÇA – SESEG
CHEFIA DA POLÍCIA CIVIL – 105ª. Delegacia de Polícia

RELATÓRIO DE INQUÉRITO

FINAL

Procedimento: 105-01301/2017
Data: 18/09/2017
Destino: Promotoria de Investigação Penal de Petrópolis
Data do Fato: 28/03/2017
Local do Fato: Passagem RUA HENRIQUE PAIXÃO 1497

Envolvidos
JORGE LUIZ EVANGELISTA

Conclusão
Exma. Sr.ª Promotora de Justiça,

O presente Inquérito Policial foi instaurado em março deste ano de 2017 para apurar prática de quatro homicídios qualificados e uma tentativa de homicídio, também qualificada.

Consta nos autos que, na noite de 28 de março de 2017, o nacional Jorge Luiz Evangelista matou sua ex-companheira, seus três filhos e tentou matar sua sogra usando arma de fogo.

Naquela mesma ocasião, Jorge provocou explosão na casa onde sua ex-companheira e filhos estavam desde uma briga anterior e acabou se lesionando gravemente, antes de deixar o local e se esconder.

Tomando conhecimento dos fatos e desconhecendo o paradeiro de Jorge Luiz Evangelista, os delegados adjuntos da 105ª DP, Fernanda Marchesi e João Valentim, representaram pela conveniência da prisão do autor do crime, bem como pela quebra do sigilo de seu aparelho telefônico, visando localizá-la através de antenas e de interceptação.

Localizado no mesmo bairro onde aconteceu o crime, após intensa procura por policiais civis e militares, Jorge Luiz Evangelista foi levado às pressas para a unidade hospitalar, face a gravidade das lesões que apresentava, provenientes da explosão por ele mesmo deflagrada.

Internado, Jorge Luiz Evangelista faleceu no dia 06 de abril de 2017, conforme cópia de registro de ocorrência juntada aos autos.

A quebra de sigilo telefônico sequer foi executada, ainda que autorizada, uma vez que Jorge Luiz foi localizado antes mesmo que tal ferramenta investigativa fosse colocada em prática.

Conforme o policial responsável pela investigação informa, os autos relativos a tal medida de natureza cautelar sequer foram encaminhados para a Delegacia e permanecem arquivados no cartório da 1ª Vara Criminal de Petrópolis para serem juntados aos deste Inquérito Policial.

Extinta a punibilidade pela morte do autor, não há lógica em se prolongar as investigações, que perderam seu objeto.

Nestes termos, faço remessa dos autos a Vossa Excelência para que, conhecendo do episódio e das razões expostas, se manifeste no melhor sentido do Direito. É o meu relatório.

CLAUDIO BATISTA TEIXEIRA
Delegado Titular – 871.072-5

XIV. Declarações

Dr. André Reis
Advogado

Desde o início da humanidade foi imposto à mulher o caráter secundário na relação familiar, sendo ela na maioria das vezes destinada ao serviço doméstico, e o homem ao sustento da família. Dessa maneira, a sociedade atravessou as barreiras do tempo com a mulher como ser subjugado ao homem. Assim sendo, a violência contra a mulher é um ato cotidiano, devido a essa falsa impressão de superioridade masculina.

Com o intuito de inibir e prevenir a violência doméstica contra a mulher no Brasil é que foi criada a Lei Maria da Penha, em 2006, sendo que por violência se entende: "é o uso da força que resulta ferimentos, tortura ou morte, ou o uso de palavras e ações que machuquem as pessoas ou ainda as firam moralmente".

Entretanto, tal norma jurídica se contradiz em alguns pontos, sendo um destes o artigo 5º da Constituição Federal, que defende a isonomia, igualdade perante a lei, independente de gênero.

Do que se deduz que, tanto homens quanto mulheres têm o direito de serem protegidos por uma mesma norma jurídica. Dessa maneira, a Lei Maria da Penha deveria erradicar a violência doméstica, abrangendo não apenas a violência contra a mulher, mas também a violência contra o homem, que, apesar de escassa, existe.

Um fato que chama a atenção é que as delegacias responsáveis pelo assunto se intitulam "delegacia da defesa da mulher", concluindo que até mesmo os responsáveis pela instituição reduzem a violência doméstica à violência contra a mulher.

Uma das contradições pelo ponto de vista lógico é o fato de as mulheres retirarem as *Noticia Criminis* (queixa) contra seus companheiros hoje em dia somente na presença do Juiz de Direito, o que não ocorria nos primeiros anos da lei.

Essa decisão de não dar continuidade ao processo é a convicção de que o mesmo resultaria em retenção do agressor, o que a vítima não deseja por motivos como: falta da figura do pai para os filhos, essa vítima ter um sentimento de amor ou mesmo pena daquele que é seu companheiro, o tempo de relação entre o casal.

A síndrome de Estocolmo, estabelecendo um paralelo com a psicologia, destaca que alguns indivíduos em situações de perigo reconhecem o gesto de atenção como um carinho, uma gentileza, acarretando que em boa parte dos casos não ocorra a denúncia. O que de certa forma abre espaço para o agressor, não punido na primeira vez, cometer a violência por mais vezes, esperando que sua companheira não o denuncie.

Outro ponto que dificulta o bom aproveitamento da Lei Maria da Penha é que não existem delegacias próprias às mulheres em todas as cidades, nem em todos os bairros. Dessa maneira, isso impossibilita o atendimento por quem é especializado e tem o agir correto na situação.

O que pode ser compreendido como "mais um caso de agressão" acaba não tendo uma abordagem correta pelos policiais, não levando à consequência nenhuma contra o criminoso, e deixando a vítima desamparada ou encaminhando a vítima para outro batalhão (onde ficam as delegacias contra a violência doméstica) abandonando-a confusa, caso não seja feita por polícias responsáveis pela área.

Noutro giro, a maior de todas as contradições da lei é o fato de a mesma ter um caráter perpétuo, o que, a principio e bem analisado, será verificada a inconstitucionalidade da mesma, pois, quando o ofensor é notificado pelo juízo, sendo informado/intimado da MEDIDA PROTETIVA de afastamento (manter-se distante da ofendida ou de parentes por qualquer meio: seja por escrito ou falado), temos uma pena perpétua enquanto a mulher não retirar o feito de juízo.

Com o intuito de corrigir essas contradições, deve ser corrigida a antinomia na lei, estendendo a violência doméstica a todos da família. Isso inclui também o homem, a fim de erradicar qualquer violência no âmbito familiar, que dever ser compreendido como fonte de amor, carinho e afeto.

Carla de Carvalho, Daniele Linden de Oliveira e Flávia Valadares de Araújo
CDDH - Petrópolis

Sem saber exatamente há quanto tempo, a procura de um escritor pelo trabalho do CDDH, frente à defesa dos direitos da Mulher, nos surpreendeu. Não lembramos bem se ele falou onde ouviu o nome do CDDH ou mesmo o nome da coordenação para falar sobre o tema e contribuir com o seu livro sobre a Violência contra a Mulher (baseada dentro do âmbito doméstico).

Nas primeiras conversas, nos preocupamos porque o escritor parecia mais interessado em conhecer os "motivos" do agressor, como se pudesse ser descrito um "motivo" para tal absurdo.

Conversamos bastante com o escritor e depois entre nós, e nossa decisão foi a de contribuir com o projeto, mesmo com a manutenção da preocupação. Não é sempre que um homem busca esse tema, embora não nos parecesse buscar o lado da mulher nas histórias e relatos colhidos.

Enfim, decidimos contribuir. Tentamos fazer dos encontros com o CDDH uma perspectiva apoiada nas lutas pela igualdade de gênero, pelo respeito à diversidade. Mostramos (sem anunciar nomes) que as situações de violência ocorrem, inclusive, entre casais homoafetivos, nas quais a travesti ou mulher trans é vítima recorrente de violência. Conversamos sobre a sociedade patriarcal, que faz da violência uma rotina e que coloca a todos dentro das casas sujeitos às demandas do "chefe da casa", mesmo que a contribuição financeira deste não seja a maior ou a única.

Nossas falas pautaram também os diferentes níveis de violência contra a mulher, atrelados à classe social. Demonstramos, a partir da experiência do CDDH e de tantos outros dados, que a mulher negra, pobre, moradora da periferia, é vítima de violência em todos os âmbitos da sociedade, embora a mulher branca de classe média também seja vítima de violência por ser mulher.

No decorrer desse tempo (que não sabemos quanto foi ao certo), encontramos o autor do livro em vários espaços e debates em que a mulher estivesse em evidência. Quanto a esta pesquisa, a vivência e aprofundamento a que o autor se dedicou, esperamos que abrilhante ainda mais a obra e coopere para a igualdade e equidade de gêneros. Esperamos que a "coleta" de informações tenha a perspectiva mais progressista e menos baseada nos valores de uma sociedade que assiste à perda de direitos sem qualquer reação.

O autor encerra sua pesquisa logo depois do lançamento do Dossiê Mulher 2018, de autoria do Instituto de Segurança Pública, que analisa a situação de violência contra as mulheres no Estado do Rio de Janeiro, no ano de 2017. Infelizmente, esses dados atualizados evidenciam que os assassinatos aumentaram nos últimos anos, com destaque aos feminicídios (assassinatos motivados por ódio a mulheres).

Além dos assassinatos, o dossiê traz o aumento no número de tentativas de assassinatos, estupros, agressão física e ameaça.

O próprio dossiê salienta a situação mais alarmante quando falamos das mulheres negras, que representam mais de 60% das vítimas da violência seguida de morte. E mais da metade das que são agredidas fisicamente. Triste é perceber que esse dossiê leva em consideração os registros de ocorrência (RO) da Polícia Civil do estado do Rio de Janeiro, ou seja, esses dados são somente quanto aos casos que foram registrados na polícia.

Claro que esses dados não serão reduzidos em virtude do lançamento deste livro, porém, esperamos que essa seja mais uma ferramenta de luta em favor do respeito à mulher, entendendo a mulher como diferente e não como inferior.

Que a leitura dessa obra possa ser feita por nossos filhos, irmãos, pais e maridos, e que eles compreendam que o comportamento machista fere e mata todos os dias. Dessa, forma que eles também sejam contra qualquer atitude que atinja a liberdade e os direitos das mulheres.

Miriam de Fátima Mendes
Psicóloga e Psicoterapeuta

O QUE LEVA A MULHER A PERMANECER NA VIOLÊNCIA

Podemos afirmar que a violência doméstica refere-se a todo tipo de agressão física e psicológica existente no seio de uma família, que na maioria das vezes se inicia de forma sutil e vai num crescente, até chegar à violência física propriamente dita. As agressões aqui consideradas têm como referência a violência sobre a mulher, por ser a mulher mais fraca fisicamente, e devido à manipulação psicológica constantemente impetrada pelo agressor, na maioria das vezes vivenciadas através de condutas ameaçadoras e violentas, sendo suas atitudes investidas por ações agressivas, ameaças verbais, humilhações e vergonha, ficando a mulher numa posição de desvantagem perante o homem. A mulher sofre sozinha e não busca ajuda, se isolando dos familiares e amigos por pressão ou por vergonha da situação que está vivendo. As agressões psicológicas provocam um estado de insegurança e medo, promovendo na mulher o rebaixamento da sua autoestima e a presença de sentimento de menos valia, neutralizando sua capacidade de demonstrar qualquer tipo de reação de defesa e proteção. Consequentemente, a vítima se encontra numa condição vulnerável emocionalmente, na qual o medo leva a mulher a resignar-se perante a agressão, surgindo, nesse momento, o medo de ser agredida novamente, medo de que seus filhos também sejam vítimas de agressão, medo do enfrentamento de ficar sozinha e não possuir nenhum recurso financeiro para a manutenção de seus filhos, uma vez que, na maioria das situações de violência, a vítima é dependente economicamente do agressor.

A vulnerabilidade socioeconômica representa um dos maiores desafios nos programas psicossociais para o enfrentamento da violência contra a mulher. Muitas vezes a mulher decide denunciar a agressão, as delegacias especializadas e a justiça lançam mão dos seus recursos para o afastamento do agressor, os centros de assistência e atendimento à mulher utilizam-se dos recursos para a manutenção provisória de sua proteção física e preservação familiar, mas, na maioria das situações, a mulher não tem recursos próprios para o seu sustento e dos filhos, o que a leva, muitas vezes de volta para o agressor.

Não há soluções mágicas para resolver a condição da violência contra a mulher, mas sim promover mudanças culturais, sociais e principalmente educativas.

No período de março de 2014 a março de 2016, tive o privilégio de compor o quadro de técnicos do CRAM como psicóloga para atendimento psicológico à mulher vítima de violência doméstica, realizando atividades com o objetivo de melhorar a autoestima e promover ações de trabalho e renda numa perspectiva de empoderamento e autonomia socioeconômica dessas mulheres. Inicialmente, o grupo foi idealizado a partir da orientação da coordenação do CRAM para que fosse feito um trabalho não direcionado somente para o campo do atendimento clinico psicológico, mas com o objetivo de promover também uma reflexão sobre "a condição da mulher em situação de violência e suas consequências". O grupo foi formado com a participação da psicóloga e as mulheres atendidas no CRAM. Nesse processo reflexivo, foi possível observar que a maioria das mulheres desejava sair da situação de violência, sendo que algumas ainda se encontravam nessa situação e outras estavam afastadas do agressor, mas não possuíam condições de se manterem sem a ajuda financeira de outras pessoas. Na medida em que as mulheres pertencentes ao grupo reflexivo se fortaleciam emocionalmente e se sentiam mais seguras nas suas tomadas de decisão, surgia a necessidade e o desejo de conquistarem sua autonomia emocional e afetiva, com a possibilidade do investimento pessoal para a busca do empoderamento financeiro através do artesanato. Nesse momento, passamos a ter a colaboração e participação de uma voluntária que ensinava técnicas de artesanato com material reciclado, e eu ensinava tricô e crochê. As mulheres foram inscritas no Fórum de Economia Popular Solidária de Petrópolis – FESP. Neste programa, as mulheres participavam das reuniões e recebiam orientação técnica para a produção e venda dos produtos a serem colocados em exposição nas feiras de artesanato para comercialização. O trabalho foi realizado com o apoio do governo municipal e a participação direta da coordenação e equipe técnica do CRAM.

Dra. Priscila Braga da Cunha de Sá Rodrigues
Advogada
Presidente da Comissão da OAB Mulher Petrópolis Membro da Comissão OAB Rio
Diretora da 3ª Subseção Petrópolis
Presidente do Instituto Brasileiro de Direito de Família de Petrópolis

VIOLÊNCIA DOMÉSTICA

O medo e a insegurança ainda continuam sendo os piores inimigos da mulher que sofre violência doméstica.

As mulheres precisam entender que não podem ficar aguardando alguém reagir por elas, nesse momento não podem se sentir vítimas, precisam reagir, mudar totalmente sua rotina e principalmente conhecer o seu agressor. Precisam saber até que ponto ele pode ser mais violento.

Achamos que isso não acontece conosco, até que o dia chega. Não podemos ficar caladas, pois as agressões vão aumentar e se tornar insuportáveis. Chegando ao ponto de não ter mais como parar.

O homem calado sempre é pior, pois ele uma hora irá agredir uma mulher despreparada, enquanto que o homem ameaçador recua ao sentir-se ameaçado por sua mulher.

O fato ocorrido no bairro da Provisória comoveu uma cidade inteira, passando da esfera familiar no momento em que foi um crime premeditado que levou a óbito a mulher e os filhos. Tivemos momentos de sofrimento e angústias, contudo, ocorreu a justiça divina.

As brasileiras precisam entender que o melhor caminho para uma relação saudável em família é o diálogo, a compreensão, o companheirismo, o respeito mútuo, o amor-próprio, o profissionalismo e, acima de tudo, o amor e a confiança.

Estamos em uma constante luta pelos direitos da mulher e esses direitos de igualdades salariais e profissionais, principalmente, estão atrelados à violência doméstica. Infelizmente, ainda vivemos em um mundo machista, em que os homens ganham mais, enquanto as mulheres precisam ter dupla ou tripla jornada.

Nossa Constituição ainda está longe de ser aplicada no quesito igualdade de direitos entre seres humanos, principalmente de sexos opostos.

Continuemos nossa batalha diária e acreditemos que dias melhores virão.

Luciana Périco
Secretária Executiva do COMDIM – RJ
Presidente da Assoc. de Moradores da Alcobacinha
Presidente da Aliança do Vale do Itamarati

VIOLÊNCIA DOMÉSTICA

Define-se que ocorre violência toda vez que o marido, namorado ou companheiro trata a mulher como um objeto.

A vítima de violência doméstica geralmente tem pouca autoestima e se sente presa na relação com quem a agride, seja por dependência emocional ou material. O agressor, na maioria das vezes, culpa a vítima pela agressão, e ela acaba sofrendo por culpa e vergonha. A vítima também sente-se traída, pois o agressor promete que nunca mais vai repetir tal comportamento, o que, para a infelicidade da vítima, na maioria dos casos, volta a acontecer, e muito pior do que da primeira vez.

O fenômeno de violência doméstica acontece dentro de algumas famílias, no mundo inteiro, e incide diretamente na vida não somente da mulher, mas também dos filhos, pais e mães, e com sérias e graves consequências não só para o seu desenvolvimento pessoal, mas social, comprometendo a cidadania e os direitos humanos.

A violência doméstica deve-se às raízes machistas, patriarcais da sociedade, e gera grandes consequências sociais. Prejudica profundamente a mulher na esfera pessoal, trazendo muito sofrimento e traumas inimagináveis. A violência estende-se para a esfera econômica-social, prejudicando a economia, por impedir o êxito profissional da vítima.

Segundo dados publicados pela Agência Brasil e apresentados pela reitoria da Universidade Federal do Ceará (UFC), em Fortaleza, a economia brasileira perde cerca de R$ 1 bilhão devido às consequências da agressão sofrida pelas trabalhadoras dentro de suas casas. Os impactos foram pela primeira vez contabilizados.

A violência em geral cria medo, ódio, mágoa e o desejo de punição do agressor, porém, a violência doméstica é uma questão muito mais complexa. Precisamos de uma ampla conscientização da sociedade, principalmente das crianças e dos jovens, para transformarmos a cultura machista e patriarcal em que vivemos em uma cultura de direitos igualitários para ambos os gêneros.

Nós, mulheres, sofremos violência não somente dentro de nossas casas. Muitas vezes, o simples fato de sermos mulheres já é o suficiente para sofrermos todos os tipos de violência.

Tivemos um grande avanço com a lei do feminicídio, sancionada no dia 9 de março de 2015, pela então Senhora Presidente Dilma Rousseff. A lei é uma vitória para igualdade entre os sexos. A lei de número 13.104 altera o código penal para prever o feminicídio como um tipo de homicídio qualificado, e para inclui-lo no rol dos crimes hediondos. Na prática, isso quer dizer que casos de violência doméstica e familiar ou menosprezo e discriminação contra a condição de mulher passam a ser vistos como qualificadores do crime. Os homicídios qualificados têm pena que vai de 12 a 30 anos, enquanto os homicídios simples preveem reclusão de 6 a 12 anos. O feminicídio é caracterizado quando a mulher é assassinada simplesmente pelo fato de ser mulher. É um crime hediondo e que tem raízes culturais. O agressor tem a certeza de ter a posse da mulher, ele a vê como sua propriedade. Em alguns casos, esse sentimento de posse se estende aos filhos, fazendo com que o agressor sinta-os como propriedade sua também.

O machismo deve ser discutido, já que é um componente constante da violência e está na socialização dos meninos. Temos que trabalhar com as crianças, desde pequenas, sobre o entendimento da masculinidade, deixando claro que ser homem não é sinônimo de ter propriedade da mulher ou qualquer tipo de agressividade em relação a ela. Necessitamos educar os meninos de forma que criemos Homens, isso mesmo, Homens com H maiúsculo. Só assim conseguiremos dar uma basta nessa situação degradante que as mulheres vêm sofrendo ao longo de toda a história da humanidade. Os meninos devem ser ensinados que, o fato de serem homens, de serem mais fortes fisicamente, não lhes dá o direito de serem protagonistas da violência doméstica, mas sim protetores do lar.

Sabemos que quem geralmente cria os filhos são as mulheres, e que, infelizmente, elas os tornam machistas a partir do momento em que não lhes ensinam a arrumar suas camas, lavar suas cuecas, ajudar nos serviços domésticos. Essas tarefas, na maioria das vezes, ficam para as meninas, que muitas vezes, são obrigadas a arrumarem as camas e servir o prato dos irmãos. Até os brinquedos oferecidos para os meninos são diferenciados de estímulo machista – enquanto os meninos ganham de presente carrinhos, skates, patins e bolas, as meninas ganham, boneca, fogãozinho, vassourinha, tábuas de passar roupas e por aí vai. São atitudes que há séculos vêm se perpetuando como algo normal, porém, se buscarmos a fundo, as meninas já são ensinadas nas próprias brincadeiras a serem futuras "donas de casa", puras, recatadas e "do lar".

Creio que o momento seja de colocarmos esses assuntos em pauta para as mulheres, mães e cuidadoras de meninas e de meninos, para que eduquemos todos com igualdade. Não pode ser diferente!

Temos muito que incentivar o empoderamento das mulheres, não somente as que estão em situação de violência, mas todas elas. Dar a elas o poder sobre si, trará maior possibilidade de mudanças nos relacionamentos e na vida.

Quando há o empoderamento das mulheres, os homens acabam se beneficiando, pois o poder imposto somente pelos homens, o torna menos humanos, o que aumenta a sua certeza de poder sobre as mulheres.

Estamos avançando em algumas questões profissionais, isso já é uma vitória, porém, ainda estamos longe da tão querida e sonhada igualdade. Uma mulher empoderada alca voos mais altos e, consequentemente, tem sua liberdade financeira e de uma vida livre de sofrimentos relacionados à violência.

Poliana da Costa Silva
Oficial de Cartório do Atendimento - NUAM - 105 DP - Petrópolis - RJ

Quero falar para você mulher, que construiu seu imaginário na infância e adolescência assistindo a filmes, brincando de casinha e acreditando que existia um príncipe para cada princesa e que eles viviam felizes para sempre. Os filmes, infelizmente, paravam nesta parte, e não mostravam o restante da história, o que estava por vir após as escovas de dentes se juntarem no mesmo espaço, e o casal dividir as contas e a responsabilidade.

Nesta roda da vida, talvez você se encontre convivendo com um esposo/ companheiro/ namorado que tem lhe agredido das mais diversas formas – verbais, física e sexuais – e você não sabe como resolver este dilema.

Primeiramente, quero te dizer que você não é culpada, mas vítima de um relacionamento que está doente e que este homem não a tem honrado como você merece, uma vez que o amor se inicia contigo, no mandamento divino de "Amar o próximo como a TI MESMO"!

Mas se, neste ato de amar, delegarmos ao outro poder sobre nós, este outro não vai enxergar uma pessoa inteira, mas fragmentada. E esse relacionamento se desenvolverá em fragmentos, tornando-se então um relacionamento disfuncional em que há dependência emocional de um em relação ao outro.

Vejo, em diálogos com diversas mulheres, padrões que se repetem de geração em geração, Pais e mães com problemas com drogas, álcool, adultérios, e a geração seguinte, que poderia ser diferente, repetindo o mesmo padrão trazido dos antepassados.

Mulheres de várias etnias, nacionalidades e condições sociais têm sofrido há anos em uma sociedade machista e opressora, na qual a mulher, de forma silenciosa, paga o preço da violência com enfermidades físicas e psíquicas inimagináveis.

Apesar de nos encontrarmos no século XXI, a realidade permanece a mesma. Embora com avanços tecnológicos, proteção jurídica na órbita internacional e, agora no Brasil, com a Lei Maria da Penha (n. 11340/06), a história permanece entrelaçada nesta teia da vida, da menina à bisavó e tataravó, pois ainda permeia o pensamento feminino a visão romântica do casamento, de que ele deve ser para sempre, e de que ela deve se sujeitar a tantos abusos, uma vez que não é a única mulher que sofre nesta história.

Neste momento, há diversas mulheres sofrendo caladas querendo uma mudança no parceiro – que não acontece –, e se sujeitando a muitas desonras por dependerem financeiramente do homem da casa. Ficam também pelos filhos, pelos dogmas religiosos que proíbem o divórcio, e ainda por existir o vínculo do amor.

Todavia, mesmo que se lesse ao pé da letra o que diz a bíblia, o padrão do amor de Cristo pregado pela Igreja é de que o marido "como sacerdote e líder" deve amar a mulher como Ele amou a Igreja e se entregou protegendo "a parte mais frágil". E desta forma a mulher seria submissa a este "homem do Senhor" que a honra, e a ganha sem palavras, com espírito manso.

Porém, como essa não é a realidade que permeia a grande maioria do âmbito doméstico, com o passar do tempo, os relacionamentos adoecem, e o casal acaba por partilhar apenas o lado ruim com o parceiro, e nisto começam a mulher acaba imitando o homem em suas grosserias, errando tanto quanto este nas agressões verbais ou físicas.

A mudança não virá apenas do Estado, em sua função Judiciária, Legislativa ou Executiva, com auxílio da segurança pública, através do papel da Polícia Civil e Militar, mas da conscientização da própria mulher. Pois, após a mulher comparecer ao atendimento e fazer o registro policial com as medidas protetivas deferidas pelo Juiz, muitas acabam reatando com seus parceiros, perdoando e acreditando nas mudanças prometidas, quando estas iniciam, primeiramente, nelas mesmas.

Para se ter uma colheita diferente, há a necessidade de se ter uma semeadura diferente. Então, plante você as mudanças que quer colher para seu futuro e a de sua família. Analise internamente o que você quer, se suporta conviver com a estrutura do outro, se vai lutar para ter um relacionamento melhor, falando menos, com menos promessas e mais ações, ganhando com a mansidão de espírito.

Verificando sempre que há questões do outro em que não haverá mudança se o outro não quiser mudar. Problemas relacionados à dependência química são da órbita de tratamento com internação por serem considerados doença, e, sozinha, você não conseguirá resolvê-los, podendo se tornar vítima de agressões físicas seríssimas que colocam em risco a sua vida.

O primeiro passo para a sua felicidade depende primeiro de você, ao acreditar em seu potencial, no valor que você tem como mulher guerreira, valiosa, preciosa, com muitos dons. Tenha fé e acredite que toda mudança trará algo novo e que será melhor. Apenas Creia e deixe o tempo trabalhar a seu favor, e que comece em você a mudança que deseja para a sua vida.

Dra. Marilene Cunha

Advogada e Vítima

Meu nome é Marilene Cunha e resolvi colocar em palavras um pequeno resumo de minha história como forma de ajudar – e por que não alertar – muitas mulheres que, nos dias atuais, ainda se submetem ao domínio, principalmente de violência psicológica, de homens de autoestima muito baixa que colocam suas vítimas no estado mais inferior possível. Homens que veem na sua namorada, esposa ou companheira uma pessoa qualquer, sem direito à própria dignidade, sem direito à proteção, sem direito ao amor, à compreensão.

Hoje com 50 anos, sou uma pessoa feliz e realizada. Comecei a Faculdade de Direito aos 40 anos, precisei interrompê-la várias vezes por falta de recursos, mas agora estou formada e advogando. Jamais poderia pensar que isso aconteceria à Marilene medrosa, de autoestima baixa e totalmente submissa. Hoje, sou Advogada! Não que o título seja a parte mais importante, mas significa sim, uma das partes mais importantes de minha vida.

Muito jovem, vindo de família humilde e de poucos recursos, me vi envolvida em uma união com o homem que eu amava, com os sonhos de um casamento e de uma vida feliz e de realizações.

Me casei, tive três filhos, uma neta, mas aqueles sonhos da juventude foram corroídos pela dor e pelo sofrimento. A vida de princesa que vislumbrei se transformou num martírio diário de uma rotina de dona de casa e violência de todos os tipos: física, moral e psicológica. Qualquer comportamento, ou mesmo a falta dele, era motivo para que eu sofresse violência física, ou a pior delas, a psicológica!

Depois de algum tempo vivendo ao lado desse homem, peguei meus filhos e sai de casa. Larguei tudo para trás. Arranjei emprego como secretária de um médico, até que consegui uma colocação profissional no serviço público da cidade em que resido – Petrópolis – pelas mãos do filho deste médico, também médico, que se tornou Prefeito da cidade. Um homem consciente e que, reconhecendo minha diligência, me deu uma oportunidade de trabalho que me permitiu ingressar numa Universidade e cursar a faculdade de Direito.

Meu relato é apenas para encorajar muitas mulheres que, ainda hoje, têm medo de seus namorados, maridos ou companheiros, a tomarem as rédeas de suas vidas. Que minha história seja capaz de provar a todas que, como eu, viveram ou vivem tanta humilhação, que é possível dar a volta por cima e sair dessa situação.

Hoje sou realizada em todos os aspectos da minha vida, tenho um companheiro maravilhoso e vivo uma vida sossegada e tranquila. Aqueles tempos de dor e sofrimento ficaram para trás. Só servem para me lembrar que minha luta não foi em vão.

Estive por dez anos como Conselheira do Conselho Municipal dos Direitos da Mulher em minha Cidade – Petrópolis –, sempre lutando para que o assunto fosse debatido através da criação de políticas públicas e de artigos publicados na Imprensa local. Lutei para que fosse implantado o tratamento ao agressor, tema também do meu Trabalho de Conclusão de Curso da Faculdade de Direito, por entender que o agressor precisa de tratamento para não se tornar reincidente.

Em 2008, tive a alegria de receber da Câmara Municipal de Petrópolis, a Moção Congratulatória, pelos serviços prestados como servidora pública e pelos serviços prestados ao médico e pai do Prefeito de Petrópolis, Dr. Rubens de Castro Bomtempo *in memorian*.

Recebi da Prefeitura Municipal de Petrópolis o Prêmio "Mulher Destaque" em 2014 e 2015, como servidora pública, reconhecida como a Mulher que mais se destacou no desempenho de suas funções ao longo desses anos.

Para minha surpresa, neste ano, fui homenageada na Câmara Municipal de Petrópolis no Dia Internacional da Mulher, pelo reconhecimento do meu trabalho prestado aos menos favorecidos, com eficiência, determinação, zelo, força, sabedoria, delicadeza, superação, recebendo admiração e respeito de um Ilustre vereador.

Para não deixar que minha história seja em vão, quando sou convidada para Encontro de Mulheres, Congresso de Mulheres, palestras, Workshops, para relatar meu testemunho de vida e superação, minha fala é e será sempre a mesma... virar a página, dar a volta por cima e seguir em frente!

Mas uma coisa não posso esquecer: tudo o que conquistei, e a força para largar aquela situação que me consumia, veio e vem sempre de Deus.

Cito o poema que gosto muito. Intitula-se " Lá na frente"que diz:

"Lá na frente... você entenderá algumas coisas que hoje você não entende, e as vezes não aceita. Lá na frente, você verá que aquilo que você julgou não ter dado certo, na verdade deu, resultou em um livramento. Lá na frente, você olhará para trás e perceberá que tudo o que aconteceu teve um propósito maior. Lá na frente, quando toda a tempestade passar e o vento acalmar, você perceberá que nunca esteve só, e até no silêncio, Deus estava ouvindo a sua voz embargada dizendo: Deus, me ajuda! E lá na frente, você olhará para o céu e dirá: Deus, OBRIGADA!"

Então posso dizer de dentro da minha alma: nos momentos difíceis, não desanime, Clame! Ele te ouvirá e te dará coragem para se libertar e te dará o livramento.

A mim Ele deu o livramento e, certamente dará a todos aqueles que a Ele pedirem. Tenham fé e força para lutar, como eu tive, e colherás todos os bons frutos que Deus tem reservado para ti.

Sem nenhuma mágoa, ressentimento, ou sentimento de vingança, quero apenas seguir em frente...Estou escrevendo um livro, estudando bastante e me atualizando em questões voltadas para o atendimento a mulheres vítimas de violência.

Estou VIVA e em movimento... Graças a DEUS!

Janaina do Carmo
Jornalista – *Tribuna de Petrópolis*

O MACHISMO MATA DE TODAS AS FORMAS

Quando cheguei à casa da Luciana (local do crime), ao ver as marcas de sangue no chão, a primeira coisa que pensei foi no sofrimento da dona Evanete ao presenciar o assassinato da filha e dos netos. Como mãe e como mulher, imaginava o que tinha passado na cabeça dela naquele momento: frustração por não ter conseguido salvar a filha, raiva do homem que estava destruindo sua família, medo de perder a vida. Eu a conheci no dia seguinte ao crime, no enterro de Luciana e dos filhos e, ao olhar para ela, dentro dos seus olhos, senti uma dor, um aperto no coração e uma profunda tristeza por todas as mulheres que, assim como Luciana, perdem a vida de forma tão cruel.

Passei alguns minutos observando aquela mulher ao lado do caixão da filha e percebi que as lágrimas de dona Evanete escorriam por dentro do seu corpo, pelo seu coração e pela sua alma. Naquele momento, pensei: ela está sentindo a dor da filha e de todas as mulheres que sofrem caladas, que são subjugadas, humilhadas e oprimidas pelo machismo. O machismo mata de todas as formas.

Cobrir o assassinato cruel de Luciana e de seus três filhos me fez abraçar ainda mais essa causa, afinal, além de mulher, sou mãe, jornalista e feminista. É preciso contar e recontar todas essas histórias de mulheres que são caladas pelo machismo, para que, de alguma forma, a sociedade entenda que subjugar, humilhar e oprimir são atitudes que devem ser combatidas.

O Brasil tem dados alarmantes de violência contra a mulher: por dia, 12 mulheres são assassinadas e 135 são vítimas de estupro. É o quinto país do mundo com maior taxa de feminicídio. São números estarrecedores que nos fazem pensar que a cultura da violência está entranhada na nossa sociedade. Vivemos em um país que é altamente machista, preconceituoso e hipócrita.

País onde as mulheres ainda são julgadas pelas roupas que vestem e pela quantidade de bebida alcoólica que ingerem. Um país onde ser mulher é sinal de inferioridade ou de "uma fraquejada", como afirma um certo político. Um país onde ser do sexo feminino é não se sentir segura ao andar nas ruas, ou ao entrar nos ônibus e nos metrôs. É ter um medo frequente de voltar pra casa e não saber o que vai encontrar. Medo esse que Luciana sentia todos os dias e, quando conseguiu se livrar das amarras de um relacionamento abusivo, foi cruelmente assassinada.

O machismo mata e combatê-lo não é tarefa fácil. É preciso educação, conscientização, leis duras e acabar com a impunidade. O país vem avançando a passos de formiguinha, caminhando lentamente com leis mais duras, mas ainda é pouco. Ainda há muito que se fazer. A luta deve ser de todas as mulheres, de toda a sociedade para um país mais justo.

Eduquemos nossas filhas para que elas consigam reconhecer um relacionamento abusivo e que não achem normal "tais" atitudes dos namorados, maridos, companheiros. Vamos ensiná-las a dizer NÃO para relacionamentos abusivos e, principalmente, que elas não podem ser subjugadas, oprimidas ou humilhadas pelo simples fato de serem mulheres.

Que o olhar da dona Evanete seja um símbolo e um alerta de que a cultura da violência precisa urgentemente ser combatida.

"Ester"
Vítima

AMOR, CIÚMES E VIOLÊNCIA

Nada é mais alimentado no amor romântico do que o ciúme. Alguns estudiosos consideram que este sentimento foi tão alimentado, que hoje acreditamos se tratar de algo inerente ao homem. Assim, estaria ligado aos nossos instintos mais primitivos. Não sei, não estudei sobre o ciúme, mas eu o vivi. Vivi na carne o que quase toda mulher já viveu: um namorado/marido ciumento, normalmente projetando seu comportamento de homem que trai, que vive em um meio onde o que vê são traições e mentiras. Atormentados pela visão do mundo que o cerca, e que por isto não consegue ver outra coisa, senão, traições.

É claro que, à medida que estas "ilusões o atormentam", partir para violência é só um passo. Isto, por si só, já transformaria a vida de uma pessoa em um inferno. E isso não é uma questão de gênero, homens e mulheres traem, homens e mulheres expressam seus ciúmes. O que mais me incomodava, porém, é a facilidade com que o homem encontra apoio, reforço positivo, para as suas ações em uma sociedade machista. Quem viveu o que eu vivi deve ter ouvido o que eu ouvi. Tentarei ser objetiva no próximo parágrafo.

Fui casada durante um ano com um homem ciumento. Durante o namoro, suas agressões eram poucas, algumas pontuais, mas depois do casamento sua violência foi aumentando. Ele, certamente atormentado por uma mente doente, era agressivo a tal ponto que eu já não me interessava sexualmente por ele, sendo que tudo que eu conseguia pensar era em como me ver livre dele o mais rápido possível. Pareço ser impulsiva, mas, na verdade, ajo depois de meses de reflexão, sem muitas vezes abrir claramente o assunto. A violência por que passei não foi a violência física de surras ou agressões, mas uma violência pouco nominada e divulgada no Brasil, que é o "estupro marital".

O estupro marital é um grande tabu em uma sociedade que acredita que o corpo da esposa pertence ao marido, que o *sim*, deve ser uma obrigação. No entanto, ele deixa marcas como qualquer outra violência. Sempre tive uma posição feminista, mesmo mais jovem, e sabia que vivia em uma sociedade machista, o que eu não sabia era como isto poderia afetar os meus sentimentos. Neste período, percebi que, quando desabafava, fosse com um amigo, amiga, ou pessoa mais velha, o que eu ouvia era uma espécie de reforço positivo para os atos do meu marido. Frases como "Ele te ama", "Ele é louco por você" reforçavam uma ideia de que a errada era eu de não reconhecer tão nobre sentimento. Ele me querer tanto deveria Inflar o meu ego, e não causar em mim um sentimento dúbio, mas causava: se, por um lado, eu me sentia agredida, por outro, deveria me sentir "envaidecida", afinal, tudo que aquele homem queria era provar o seu amor por mim.

Na época, jovem e cheia de energia, consegui quebrar o ciclo e sair da relação, deixei para trás o meu marido, mas o questionamento nunca me deixou. Aprendi que o ciúmes é um vampiro de energias, se alimenta de ilusões do ego, provoca sensações que, se não analisadas profundamente, podem confundir, tanto quem o sente – por se julgar no controle do que considera ser sua proteção – quanto quem o sofre, afinal despertar tamanha paixão deveria deixar qualquer um vaidoso.

Saí do ciclo sem vítimas e vilões. Olhei para aquele garoto que um dia havia me despertado algum sentimento, como se olha para um amigo profundamente doente. Deixei o círculo de pessoas que alimentavam este comportamento, aprendi a não me envaidecer com demonstrações de ciúmes e a não provocar ciúmes, como muitos acreditam ser importante para chamar a atenção. Sofri outras violências, mas acredito que todas elas vieram desta base: de um homem frágil, sem autoconfiança, alimentado por um meio social machista. Sim, um meio. No Brasil não existem somente homens machistas, somos uma sociedade machista no todo, sofremos nesta sociedade, os homens ainda meninos sofrem nesta sociedade. Jamais direi que fui violentada somente pelo garoto de dezoito anos com quem me casei, fui violentada pela mãe, pela irmã, pelos amigos dele, que também foram violentados em sua formação. Sem este reforço talvez social, talvez ele tivesse se tornado o homem que gostaria de ser.

O machismo não destrói apenas a mulher, ele destrói o próprio homem, mantendo-o dentro do estereótipo de animal irracional, incapaz de raciocinar, incapaz de se refinar e se tornar um ser completo. Sou mãe de dois homens, e sempre busco mostrar a eles que eles não precisavam ser grosseiros e violentos para serem homens. Mas como é difícil. Nossos meninos não podem dançar, não podem ser educados, não podem deixar de olhar uma mulher sem "citar seus atributos físicos", sem serem "suspeitos" de serem homossexuais, como se isto fosse algum outro crime. Precisamos aprender a educar nossos filhos, como educamos nossas filhas, para que cumpram seu papel na sociedade como seres humanos íntegros, éticos, e sensíveis.

Anna Maria Rattes
Presidente do COMDIM - Petrópolis - RJ

CORAGEM DE REFLETIR E ENCARAR

- 30 anos decorridos da promulgação da Constituição Cidadã de 1988.
- 86 anos da conquista do direito ao voto feminino (03/05/1933).
- 73 anos da Carta das Nações Unidas (1945) – Igualdade entre Homens e Mulheres.
- 56 anos da promulgação do Estatuto da Mulher Casada (27/08/1962).
- 41 anos da Lei do Divórcio (28/06/1977).
- 12 anos da Lei Maria da Penha (07/08/2006).
- 03 anos da criação da figura jurídica do Feminicídio, crime de homicídio contra a mulher – circunstância qualificadora (09/03/2015).

E ainda, nos dias de hoje, nos deparamos com um flagrante desrespeito ao texto constitucional no seu artigo quinto. Onde está essa igualdade real de direitos entre homens e mulheres?

Claro que ela não existe. E é essa a causa da violência contra mulher, no campo sexual, moral, psicológico, patrimonial e físico que continua assustando a sociedade, sem que se apresente uma forma eficaz de combatê-la.

Existe violência mais persistente e difícil de combater do que a INVISIBILIDADE?

Vivemos numa sociedade patriarcal e machista. Os homens, em sua grande maioria, continuam agindo – no campo do trabalho, na ascensão na vida profissional, nas relações familiares – como se a mulher, a quem consideram um ser de segunda categoria, não existisse. Sempre que as circunstâncias o permitem, ignoram a vez e a voz do sexo oposto.

Forma eficiente e perversa de denominação.

As mulheres não estão lamuriosas e passivas. Numa atitude pró-ativa, reagem, se empoderam, rompem barreiras e obstáculos. Tornam-se maioria nas universidades, em várias carreiras profissionais, crescem, intelectualmente e em força, para serem protagônicas de seu destino.

Novos tempos, novas mulheres, novos homens. Novos costumes, novas leis. Nova realidade social.

Nos deparamos com o homem, atônito, frente a essa nova mulher que cresceu muito, enquanto eles ficaram parados.

Deixaram a posição de autoridade absoluta, de gerar e gerir a família, de cuidar dos bens e determinar comportamentos, de ser o provedor material e intelectual do núcleo familiar. Virilidade, masculinidade, o que significam hoje em dia? O que se passou a exigir no universo masculino? Que tipo de homem querem as mulheres?

Mudaram as regras do jogo, e eles não foram avisados. Uma atitude de assédio disfarçada de gentileza, hoje, pode ser considerada um comportamento misógino.

As mulheres conhecem seus direitos. Sobretudo, se sentem com direitos. De estarem onde quiserem, fazendo o que quiserem, se comportando como quiserem.

Acho que ainda não ficam à vontade para lidar com o poder, apesar de buscarem a adaptação. Quando têm poder, algumas ficam duras e fazem uso de um modelo mais masculino que feminino. Um erro.

Interessante essa dificuldade, quando nos deparamos em outros ambientes em que há a valorização de características femininas. Exemplo: na gestão de equipes, a liderança exercida por mulheres é mais branda, sua capacidade de relacionamento compreensivo e acolhedor é maior, sua postura se opõe ao estilo do chefe grosseirão. A mulher tem uma capacidade maior que a do homem de perceber o outro.

Nova forma de educar, de formar para o novo mundo? Acho que é uma questão de usar a inteligência emocional da qual tanto se fala. Como criar meninas e meninos, com companheirismo e sem competição?

Da mesma forma que educamos as meninas com acesso franco aos sentimentos, meninos ainda morrem de vergonha de dizer que estão com dor, que têm medo. O menino tem que poder ser terno, sem ser tachado de mariquinhas. A barra da saia da mãe tem que estar disponível para filhas e filhos da mesma forma. A sociedade exige que o homem seja forte, rude, preparado para a guerra.

E somos nós mesmas, mulheres, que formamos esses homens que depois vão nos responder de maneira grosseira, quando não violenta. Violenta até contra si próprios, pois os homens morrem mais cedo, vão presos em maior número, matam mais, suicidam-se mais. Se olharmos para as circunstâncias culturais e emocionais, percebemos uma sociedade que os impede de viver os aspectos "femininos" da subjetividade como ternura, empatia e compreensão. A mãe cria o filho para ser valente. "Homem não chora". "Seja forte".

Em paralelo, existe uma desmoralização milenar da figura feminina. Biblicamente, Eva seduziu Adão e o levou a pecar, Maria Madalena foi transformada em prostituta, e assim por diante. Mulheres, esses seres perigosos, ardilosos! Então, o homem tem medo da mulher que deseja e ama. Tem que se manter no poder, se defender contra as artimanhas dela, não pode fraquejar. Ameaçado, agride para aliviar a sensação de que está perdendo sua identidade. Continua obedecendo a preceitos culturais disseminados no discurso: "Homem não leva desaforo para casa.", "Mulher alguma dá ordens a um homem.". Reagem. Acho que nessa caminhada misógina e machista falta escuta. De nosso lado, ouvi-los e exigir que nos ouçam também, dar a eles a oportunidade de nos ouvir. Provocar neles REFLEXÃO.

Não que isso sirva de atenuante à violência contra a mulher. Mas, talvez, ao invés de apenas colocarmos o agressor na cadeia, onde vai bancar, ainda mais o machão diante dos outros, penas alternativas deveriam oferecer ao condenado a oportunidade de pensar e avaliar profundamente as questões que o levaram à violência. Alguns Juizados Especiais já estão adotando essa experiência.

É preciso acabar com a via interna que faz o homem afirmar-se por meio da força. É como guerreiro que ele até mata para se sentir potente. A figura jurídica do Feminicídio está aí para corroborar com essa avaliação. Não quero dar a impressão de que estou aliviando os agressores. Violência é crime. A lei Maria da Penha está aí como mecanismo de proteção às mulheres. Evidentemente, sou a favor da punição. Mas, não dá para resolver o problema da violência do homem contra a mulher apenas pelo caminho do judiciário. É muito pouco e insipiente.

Enquanto, culturalmente, homens e mulheres não se desarmarem – uma mudança que vem de dentro – acabando com a disputa, com a rivalidade de posições, cedendo, compreendendo, RESPEITANDO-SE uns aos outros, apesar das diferenças – de sexo, cor, etnia, aspecto físico, identidade gênero, poder aquisitivo, classe social, preparo intelectual, lugar social – e, buscando na aplicação das leis, nas oportunidades de companheirismo e na tolerância com as diferenças, se sentirem semelhantes, muito ainda se irá apanhar e sofrer e muito ainda se terá que crescer, para que a humanidade, sem discriminações e com parceria, cumpra o que diz a constituição de 1988 no seu art. 5º.

"Todos são iguais perante a lei, sem distinção de qualquer natureza, garantindo-se aos brasileiros e aos estrangeiros residentes no país a inviolabilidade do direito à vida, à liberdade, à igualdade, à segurança e à propriedade, nos termos seguintes:

1. Homens e mulheres são iguais em direitos e obrigações, nos termos desta constituição."

XV. Agradecimentos

Necessito e gostaria de agradecer a todos os envolvidos na construção desse livro, destacando os que atenderam ao meu pedido de escrever suas declarações sobre o tema da violência contra a mulher. A grande maioria dos participantes desse desafio está nominalmente mencionada no texto, embora existam também aqueles que não têm seus nomes relatados aqui, mas que me deram suporte para enfrentar as investigações.

Meu agradecimento mais sensível vai a todas as vítimas que me contaram suas histórias e, em especial, à Sra. Evanete Vieira e à sua família, que foram vítimas de um crime tão violento.